사도들의
복음전도

사도들의 복음전도

초판 1쇄 발행일 2024년 9월 12일

- ■지은이　김경한
- ■펴낸이　방주석
- ■펴낸곳　베드로서원

- ■주　소　경기도 고양시 일산동구 고봉로 776-92
- ■전　화　031)976-8970
- ■팩　스　031)976-8971
- ■이메일　peterhouse@daum.net
- ■등　록　(제59호)2010년 1월 18일 / 창립일 : 1988년 6월 3일

ISBN　979-11-91921-25-0　03230
책값은 뒷 표지에 있습니다.

베드로서원은 말씀과 성령 안에서 기도로 시작하며
영혼과 삶이 풍요로워지는 책을 만드는 데 힘쓰고 있으며,
문서선교 사역의 현장에서 최선을 다하겠습니다.

ⓒ 이 출판물은 저작권법에 의해 보호를 받는 저작물이므로
무단 전재와 무단복제를 할 수 없습니다.

사도들의
Acts

Evangelism
복음전도

김경한 지음

목차

들어가며 · 8

PART 1

복음전도의 시작, 사도들이 일어나다
예루살렘을 점령한 교회

1장   하나님 나라를 위한 준비 · 15
2장   성령을 통한 선물들 · 25
3장   참된 증인의 특징 · 33
4장   환난을 이기는 증인들 · 39
5장   큰 두려움을 만날 때 · 45
6장   내부의 분열을 막다 · 49
7장   새로운 시작을 알리는 죽음 · 53

PART 2

복음전도의 확산, 박해를 통과하다

완벽하게 이끄시는 성령의 손길

8장	성령의 이끄심을 따르는 자 · 61	
9장	감추어진 시간들 · 67	
10장	땅끝을 향한 복음의 신호탄 · 75	
11장	안디옥교회의 탄생 · 79	
12장	박해를 돌파하는 기도의 능력 · 83	
13장	강력한 영적전쟁 · 87	
14장	환난을 이기는 사람들 · 91	
15장	쉬지 않는 하나님의 열심 · 97	
16장	성령의 고상한 방해 · 105	
17장	아레오바고의 전투를 준비하라 · 113	
18장	새로운 출발을 위해 · 119	
19장	에베소의 부흥 · 125	
20장	성령에 묶인 자 · 133	

PART 3

복음전도의 정점, 거침없이 퍼져가다
여전히 꿈을 꾸는 증인들

21장 꼭 필요한 사람들 · 147
22장 내가 만난 예수님 · 151
23장 인생의 밤을 지날 때 · 155
24장 부담을 극복하는 길 · 161
25장 복음을 철저히 무시하는 세상 · 165
26장 예수를 자랑하는 자 · 171
27장 광풍을 통과할 때 · 177
28장 거침없이 퍼지는 복음 · 185

나가며 · 191

들어가며

영향력을 잃어가는 기독교

강력한 세속화는 수많은 교회의 힘을 빼앗고 있다. 조지G.헌터Ⅲ 는 「소통하는 전도(How to reach secular people)」에서 세속화된 자들의 프로필을 상세히 소개한다. 본질적으로 기독교의 기본진리에 무지한 그들은 교회에 대한 부정적인 이미지를 갖는다. 과거에 '부적절한' 교회에서 겪은 자신의 경험을 토대로 모든 교회를 일반화하는 경향이 있기 때문이다. 여기에 사후세계에 관한 관심과 함께 자신의 죄를 자각하는 죄의식마저 사라져 버린 지 오래다.

현실 세계가 전부인 것처럼 살아가는 이들에게 과거처럼 죽음 이후의 삶을 호소하는 방식의 전도는 여러 한계에 부딪힐 수밖에 없다. 심지어 신성한 질서를 철저히 거부하는 새로운 세대 와 문화 속에서 교회가 본연의 정체성을 지키기도 어려워 보인다. 주변에는 여전히 교회를 공격하고 교회를 떠나며 심지어 기독교 신앙을 버리는 이들이 늘어나고 있다. 물론 이들과의 관계를 끊지 말아야 하지만 겸손한 자세로 도리어 호기심을 품고 그들의 말에 귀를 기울이는 일은 결코 쉬운 일이 아니다.

왜 1세기 증인들인가

 이러한 세상의 도전은 이미 1세기 기독교가 당면한 도전이었다. 실제로 우리가 직면하고 있는 상황은 초기의 사도적 교회(the early apostolic church)가 직면했던 상황과 매우 비슷하다. 로마제국에서 기독교가 공인되어 그리스도인의 삶이 '유리'하기 전까지 기독교는 철저한 '불법'이었다. 그리스도인이라는 데는 아무런 유익이 없었다. 오히려 그리스도인이라는 사실은 목숨을 내놓아야 하는 이유였다. 가차 없는 박해와 적당히 살게 하려는 유혹, 조롱과 무시를 당하기 일쑤였다. 그러나 기독교는 **빠르게 성장했다**. 이유가 무엇이었을까?
 알렌 크라이더와 마이클 그린에 의하면 기독교가 '매력'적이었기 때문이다. 그들이 보여준 영향력은 기독교에서만 보여줄 수 있는 매력이었다. 유대인들과 로마인, 이방인들의 강렬한 방해에도 불구하고 복음은 유대인과 이방인 사이를 가로막고 있던 장벽을 허물었다. 더 나아가 그들이 직접 삶으로 보여준 높은 도덕성과 사회적 책임과 역할은 복음을 듣는 청중들에게 더욱 영향력있게 퍼져갔다.

 래리허타도는 「처음으로 기독교인이라 불렸던 사람들(The destroyer of gods)」에서 기독교는 로마제국에서 가장 박해받는 종교였기에 사회적 희생이 따랐음에도 점점 더 많은 사람이 기독교 신앙을 갖게 된 이유를 설명한다. 또한, 기독교는 그 시대뿐 아니라 오늘날도 세상의 통념을 바꾸는 유일한 공동체라고 말한다. 그들은 가난한 자와 소외된 자를 돌보는데 헌신했으며, 무수한 타인의 공격을 갚지 않고 용서했다. 더 나아가,

당시의 타락한 성 윤리를 견고한 언약 위에 바로 세우는 역할도 감당했다. 그들은 영혼들의 필요를 가까이에서 직접 살피고 채우는 자들이었다. 때론 차분한 호기심으로 열린 질문을 통해 개인의 대화와 간증을 공유하기도 했다. 비록 '불완전한 상황'이었지만 '은혜의 완전함'을 맛보고 공유하기 시작한 것이다.

이들이 바로 초대교회를 이끌었던 1세기 증인들과 그들을 대표하는 사도들이다. 사도행전은 이들의 걸음을 상세히 기록하고 있다. 예루살렘을 넘어 땅끝까지 하나님 나라의 시작과 확장, 완성의 그림을 입체적으로 소개한다. 주인공인 그들은 자신의 걸음을 전혀 예측할 수 없었다. 단지 자신을 지배하는 성령의 이끄심을 따라 한 걸음씩 내디딜 뿐이었다. 초대교회가 보여준 이러한 복음 전도의 역동성은 오늘날도 여전히 세상에 닿는 복음 전도의 전략이 될 수 있다. 그리고 그 전략은 더 이상 무기력한 교회가 아닌, 사도적 교회로 살아내게 하는 큰 동력이 될 것이다.

마감기한이 없는 복음전도

최초의 전도자였던 하나님은 아담과 하와가 죄를 짓고 숨었을 때 즉시 그들을 찾아오셨다. 애써 던지신 질문에 죄의 파괴력으로 반응하지 못하는 그들에게 유일한 구주인 아들까지 약속하셨다. 그리고 오랜 시간 인내하시며 인류를 품어 주셨다. 놀라운 사실은 지금도 하나님은 자신을 멀리 떠나 방황하는 이들을 여전히 찾아가고 계신다.

멈추지 않는 하나님의 열심, 그 모습이야말로 우리가 이 시대에 바라볼 복음의 결정체다. 그리고 그 마음을 받은 교회는 여전히 하나님과 소통하는 하나님 나라의 파트너가 될 수 있다. 성경은 분명히 말한다. '복음 전도에는 마감기한'이 없다. 여전히 하나님은 찾아오시고, 성령님은 책망하시며, 예수님은 직접 그들을 건지신다.

1세기 증인들을 대표하는 사도들의 이야기가 여전히 우리 곁에 있다. 인생의 깊은 밤을 지날 때도, 예기치 못한 광풍을 통과할 때도, 부활의 주님을 바라본 그들의 삶은 여전히 우리에게 큰 힘이 된다. 성경이 말하는 '위로(מנחם:나함)'는 '다시 숨을 쉬다'는 의미다. 시대를 뛰어넘어 찾아오시는 하나님의 위로는 우리의 닫힌 숨을 열어 줄 것이다. 결국, 그분의 위로를 통해 복음 전도는 어디서든 다시 시작될 수 있다.

사도행전에 기록된 증인들의 걸음이 바로 그 증거다. 1부 '복음 전도의 시작, 사도들이 일어나다'와 2부 '복음 전도의 확산, 박해를 통과하다.', 3부 '복음 전도의 정점, 거침없이 퍼져가다'로 나뉜 증인들의 이야기는 다시 한 번 전도의 현장에 용기를 불어넣어 줄 것이다. 또한, 각 장마다 정리해 놓은 1세기 증인들의 '구체적인 고백과 질문들'은 현장에서 치열하게 고민하는 많은 전도자를 격려하며 훈련하는 도구가 될 것이라 기대해 본다. 본서가 여전히 예수와 사도들의 뒤를 따르고자 하는 소중한 전도자들과 교회에 작은 위로와 지침이 되기를 바란다.

PART 1
복음전도의 시작, 사도들이 일어나다

"예루살렘을 점령한 교회"

1장
하나님 나라를 위한 준비

-
-
-

1. 하나님 나라의 일을 맡은 자 (행 1:1~5)

"그가 고난 받으신 후에 또한 그들에게 확실하게 많은 증거로
친히 살아계심을 나타내사 사십 일 동안 그들에게 보이시며
하나님 나라의 일을 말씀하시니라" (행 1:3)

사도행전은 예수님의 부활 후에 나타난 '하나님 나라의 일(3절)'을 기록한다. 이를 위해 교회는 탄생하고(1~7장), 성장하며(8~12장), 확장되었다(13~28장). 교회는 단지 믿는 자의 모임이 아니다. 교회는 온 땅을 구원하시는 하나님의 계획을 위한 파트너다. 하나님은 교회를 통해, 교회와 함께 그의 일을 이루신다. 물론 전반부의 베드로와 후반부의 바울이 집중 조명되지만, 복음에 순종하는 영혼과 공동체라면 언제나 동일하게 역사하셨다.

사도행전의 제1차 독자인 데오빌로 역시 마찬가지다. 저자인 누가는 누가복음에서 '데오빌로 각하(눅1:3)'라 칭했지만, 시간이 지난 사도행전에는 '데오빌로여(1절)'라고 부른다. 그만큼 로마의 고위관직인 그가 공동체의 일원으로 친밀하게 변화되었음을 뜻한다. 누가는 서론(1장 1~5절)에서 예수님이 부활 후 사십 일 동안 제자들에게 보이시며 '하나님 나라의 일'을 말씀하셨다고 기록한다. 그렇다면 하나님 나라의 일은 도대체 무엇일까? 제자들의 회복을 위한 예수님의 노력일까? 아니면 10번의 만남 중 5번에 걸쳐 주신 지상명령인가? 그 일에 대한 명확한 정의가 꼭 필요할 듯

하다. 왜냐하면, 그 일이 곧 교회의 사명이자 존재 이유기 때문이다.

예수님은 그 일을 위해 성령을 약속하셨다(요14~16장). '물세례(거듭남)'만으로 그 일을 성취할 수 없었기 때문이다. 반드시 '성령 세례(성령의 온전한 다스림, 성령 충만)'가 필요했다. 그렇다면 선한 능력이신 성령의 도우심을 입어 이뤄가야 할 하나님 나라의 일은 과연 무엇일까?

이는 동일저자인 누가복음의 지상명령에 자세히 기록되어 있다(눅24:44~49). 그 일의 목적은 '구약성경의 예수를 향해 기록된 모든 말씀이 성취되는 것'이다(44절). 이는 이 땅의 유일한 구주와 주로서 예수님의 생명이 땅 끝까지 퍼져가는 것을 뜻한다. 이를 위해 반드시 필요한 세 과정이 있다.

첫째, 마음을 열어 '성경'을 깨닫는 것이다(45절). 이는 단순히 말씀을 이해하는 것이 아니다. 이해를 넘어 성경에 숨겨진 '예수를 발견하는 것'을 뜻한다.

둘째, 죄 사함을 받게 하는 '회개'를 모든 족속에게 전파하는 것이다(46~47절). 회개와 믿음은 동전의 양면과 같다. 진정한 회개는 진정한 믿음으로 연결되기 때문이다. 회개가 죄에서 돌이킴이라면 믿음은 예수께로 향함이다. 그러니 회개는 곧 '예수께로 돌이킴'을 의미한다.

셋째, 이 모든 일의 '증인'이 되는 것이다(48절). 증인은 내가 발견하고 경험한 예수를 전하는 자를 뜻한다. 결국, 하나님 나라의 일은 성경에 숨겨진 '예수를 발견하고, 예수께 돌이키고, 예수를 전하는 일'이다. 그러니 하나님 나라의 일이 곧 전도인 셈이다. 성령 안에서 이 일에 집중할 때 교회는 자연스레 확장될 수밖에 없었다. 숱한 한계를 뛰어넘어 강력히 부흥하기 시작한 것이다.

2. 오직 성령이 임하시면 (행 1:6~11)

"오직 성령이 너희에게 임하시면 너희가 권능을 받고
예루살렘과 온 유대와 사마리아와 땅끝까지 이르러
내 증인이 되리라 하시니" (행 1:8)

사도행전은 한 질문으로 시작한다. "주께서 이스라엘 나라를 회복하심이 이때 니이까"(6절). 예수님의 승천 직전에 나온 제자들의 이 질문은 앞서 두 차례나 강조된 '하나님 나라의 일(눅24, 행1:3)'에 찬물을 끼얹는 응답이었다. 이 질문의 '회복'은 영적 의미가 아니다. 빼앗긴 영토나 영역을 되찾아올 때 쓰는 정치적·행적 용어다. 심지어 그들이 '여쭙는(6절)' 모습은 '심문과 탄원'을 뜻한다. 승천 직전의 예수님께 당장 응답하라는 의미였다.

그만큼 제자들은 확신했다. 스승으로 따르던 분이 부활도 하셨으니, 이제야말로 보란 듯이 큰소리를 치며 살 수 있으리라 생각한 것이다. "언제 나의 원한을 풀어줄 겁니까? 고난에 찬 내 인생을 언제 바꿔주실 겁니까?" 예수님을 믿을 때 누구나 비슷한 경험을 하게 된다. 처음 예수님을 믿고, 기쁨과 감동이 넘쳐날 때는 모든 문제가 문제로 보이지 않는다. 그러나 그런 시기는 얼마 가지 못한다. 시간이 흐르며 자연스럽게 이러한 질문이 나온다.

"아니, 도대체 언제까지 힘들게 하실 겁니까? 제 상황을 잊으신 건가요?" 그러나 예수님의 응답은 의외였다. "때와 시기는 아버지의 권한에 있으니 너희의 알바가 아니다(7절)" 응답의 때는 예수님도 모르신다는 의미다. '때'는 오직 하나님의 영역이다(전3:11).

 대신, 해야 할 일이 있다. 성령이 주시는 '권능'을 받아 땅끝까지 '증인'이 되는 일이다(8절). 대부분 제자들의 질문 수준에서 신앙생활을 하느라 많은 어려움을 겪는다. 이해할 수 없는 인생의 현실 앞에 무너질 때가 많다. 결국, 성령이 주시는 '권능(δυναμις:두나미스)'은 '나의 고정관념을 뛰어넘게 하는 힘'이다. 사람의 생각을 바꾸는 것은 오직 성령의 충만을 통해서 가능하기 때문이다(롬8:26~27). 그러할 때 예루살렘을 넘어 땅 끝까지 증인이 될 수 있다. 반드시 기존의 가치관을 뛰어넘는 새로운 시각이 필요하다. 이것을 놓치면 원망 외에는 남는 것이 없다. 결국, 사도들의 행전은 기대와 상상 속의 이야기가 되고 말 것이다.

 '예루살렘'은 지금 당장 내가 서 있는 자리다. 또한, 가장 가까이 닿아 있는 '가정'을 뜻하기도 한다. 바로 여기서부터 생명이 전해진다. 기억해야 한다. 성령 충만의 시작은 가정에서 시작된다(엡5:18~33). 성령을 통해 한계를 뛰어넘을 때, 내가 속한 자리부터 온 유대와 사마리아를 넘어, 땅끝까지 전진할 힘이 부어진다. 냉정함을 가지고 9절 이하의 말씀을 보자. 제자들은 여전히 얼이 빠져있다. "아니, 부활하시고 그냥 가버리면 어떻게 됩니까? 증인이 되라고요? 당장 내 삶은 어떻게 하고요?" 이 장면을 표현한 그림은 전부 승천을 현란하게 묘사하지만, 실제는 달랐다.

 오늘도 우리는 이 질문과 주님의 명령 사이에 놓여있다. 여러 갈등이 있지만, '먼저 그의 나라와 의를 구하자(마6:33)' 하나님은 놀라운 일을 이루실 것이다.

3. 오로지 기도에 힘쓰더라 (행 1:12~14)

"여자들과 예수의 어머니 마리아와 예수의 아우들과
더불어 마음을 같이하여 오로지 기도에 힘쓰더라" (행 1:14)

대나무의 강함은 높이가 아닌 매듭에서 온다. 속이 비어있으나 적절한 간격으로 위치한 매듭은 대나무가 휘어지더라도 부러지지 않게 만든다. 매듭은 새로운 단계로 넘어가는 '분수령', 즉 전환점과 같다. 제자들에게 주님의 승천은 일생일대의 분기점이었다. 예수님 없이는 늘 불안하고 무기력했던 그들이 주님의 부재 앞에 영적 암흑기로 살아갈 것인지, 아니면 재차 말씀하신 위대한 약속을 붙들 것인가는 제자들의 '몫'이었다.

감사하게도, 그들의 선택은 후자였다. 주님의 명령을 붙들기로 작정한 것이다. 그들은 흩어지지 않았다. 배반과 슬픔의 장소인 예루살렘으로 다시 돌아온다(12절). 특히 누가는 열 한 제자와 함께한 자들의 이름을 새롭게 배열한다(12~14절). 과거와 같이, 부름을 받은 순서나 나이의 질서가 아니었다. 가족의 순서도 아니다. 기록된 순서는 새로운 사역의 질서를 뜻한다. 새롭게 시작될 공동체인 '교회'는 세속적 가치를 철저히 배격한다는 의미다. 함께 모인 약 120명의 수 역시 공동체를 설립하기 위한 유대 법의 최소한의 수다. 그만큼 교회를 세우시는 하나님의 손길은 완벽했고 빈틈이 없었다. 그리고 그곳에서 위대한 일이 시작된다. 새 시대의 여명이 시작된 것이다.

그 일은 다름 아닌 '기도'다. "더불어 마음을 같이하여 오로지 기도에 힘쓰더라(14절)". 교회를 탄생시키는 도화선은 기도였다. 왜 기도였을까?

더는 내 힘으로 할 수 있는 일이 없었기 때문이다. 철저히 주님의 도우심을 입지 않으면 교회는 시작될 수 없기 때문이다. 결국, 기도는 성령이 주시는 권능을 힘입고, 승천하신 예수님과 동행케 하는 원리였다.

이러한 공동체의 기도는 중요한 '세 가지' 특징이 있다(14절).

첫째, '더불어' 기도한 것이다. '더불어'는 '함께(together)'라는 뜻이다. 제자들이 거주했던 다락방에 함께 모인 것이다. 한 장소에 모인다는 것은 결코 쉬운 일이 아니다. 결단과 용기가 없다면 불가능하다.

둘째, '마음을 같이하여' 기도했다. 이는 '만장일치'를 뜻한다. 120명의 영혼이었으나, 서로의 마음을 열어(open) 소통하기 시작했다는 뜻이다. 마음은 생명의 근원이 자리한 곳이다(잠4:23). 그렇기에 서로의 마음을 닫지 않고 열었다는 뜻은 서로의 생명이 흘러갔을 뿐 아니라 그 생명이 모여 증폭된다는 의미다. 그래서 마음을 같이한다는 것은 상상을 초월하는 생명력을 지닌다.

셋째, '오로지 힘쓰는' 기도였다. 오로지(only) 힘써 집중했다는 의미다. '힘썼다'라는 뜻은 '어떤 일에 대하여 끈질기게 한다'라는 의미다. 결국, 기도가 현실이 될 때까지, 절대 포기하지 않았다는 의미다. 혹시 중요한 기점에 서 있는가? 대나무의 매듭을 지어야 할 시기라면, 초대교회를 탄생케 한 기도가 재현되기를 소망한다.

4. 맛디아를 세우시는 하나님 (행 1:15~26)

"제비 뽑아 맛디아를 얻으니

그가 열한 사도의 수에 들어가니라" (행 1:26)

오순절 성령강림 이전에 완수되어야 할 중요한 과제가 있다. 가룟유다의 죽음으로 생긴 결원된 사도의 자리를 보충하는 것이다(15~26절). 아마 베드로를 비롯한 사도들이 다락방에서 '더불어 마음을 같이하여 오로지 기도에 힘쓸 때(14절)', 성령의 감동과 인도로 이 필요성을 느끼게 되었을 것이다.

그렇다면 왜 굳이 12명의 수를 채워야만 했을까? 11명으로는 부족한 걸까? 유대인들의 숫자 관념 속에 12는 '영원한 완전수'를 뜻한다. 물론 3(하늘)과 4(땅)의 합인 7도 완전수를 의미한다. 그러나 12의 의미는 더욱 특별하다. 신약의 12 사도는 구약의 12지파의 계보를 잇는다. 또한, 이제 시작될 '새 이스라엘(교회)'도 열두 사도의 토대 위에 세워져야 했다(마16:18;엡2:20). 오순절 성령강림 후에 '열두 사도'가 복음을 전한 사실에서도 알 수 있다(행2:14). 결국 하나님이 디자인하신 이 땅의 교회는 완벽하다는 의미다. 실수가 없다는 뜻이다. 그러나 가룟 유다의 배신으로 균열이 갔고 다른 제자들을 낙심케 했다.

사도의 자리를 보충하는 것은 이를 회복하는 작업이다. 그래서 하나님은 그 수를 채우길 원하셨다. 인간은 실패했지만, 하나님은 그 실패를 통해 여전히 일하심을 보여주셨다. 사람을 통해 일어난 아픔을 또 다른 사람을 통해 고치길 원하셨다(잠11:30).

사도 후보자의 조건은 다음과 같았다. "요한의 세례부터 예수님의 승천까지 주께서 우리 가운데 출입하실 때에 항상 우리와 함께 다니던 사람"(21~22절). 예수님의 공생애를 함께 한 자다. 한 마디로 '예수님을 잘 아는 자'다. 예수님의 성품과 가정생활, 인간관계를 잘 아는 자, 그래서 그분과 같이 먹고, 같이 입고, 같이 살았던 자를 뜻한다. 결국, 사도의 자격은 경력이나 학력, 능력이나 지위, 남녀나 흑백에 있지 않다. 누구든지 예수를 깊이 경험한 자라면 주의 일을 할 수 있다.

사도의 직무는 분명했다(25절). 봉사(영혼을 섬김)를 통해 낮은 곳에서, 부활하신 예수를 증언하는 것이다(마20:27~28). 그래서 가장 중요한 준비는 '예수님을 닮는 것'이다. 두 사람 '요셉과 맛디아'가 추천되었고 기도하며 제비를 뽑아 결국 맛디아가 결정되었다(23~26절). 두 사람 모두 자격을 갖춘 자였다. 둘 중 누가 선출되어도 사도의 직무를 감당할 수 있었다. 인간의 준비는 다 된 셈이다. 그 후 하나님의 주권을 인정하며 제비를 뽑은 것이다(잠16:33).

그렇다면 왜 '맛디아'였을까? 하나님의 결정이니 이유는 알 수 없다. 그러나 그의 이름에서 힌트를 얻는다. 맛디아는 '여호와의 선물'이란 뜻이다. 즉, '은혜'다. 아마 그의 이름처럼 이 땅에 세워질 교회는 주의 은혜로만 설 수 있음을 강조한 것이다. 날마다 주의 선물을 구하자. 그 은혜 안에 세워지는 나의 교회가 될 것이다(고전2:4).

증인들의 고백

1. 하나님 나라의 일은 성경에 숨겨진 예수를 발견하고, 예수께 돌이키고, 예수를 전하는 일이다.
2. 사람의 생각은 오직 성령의 충만(권능)을 통해서 바뀔 수 있다. 그러할 때 예루살렘을 넘어 땅끝까지 증인이 될 수 있다.
3. 기도는 교회를 탄생시키는 도화선이다.
철저히 주님의 도우심을 입지 않으면 교회는 시작될 수 없다.

복음 전도를 위한 묵상

1. 하나님 나라의 일이 내 삶에 경험되어지고 있는가?
2. 가까운 영혼들과 만남을 위해 변화돼야 할 내 생각은 무엇인가?

2장
성령을 통한 선물들

-
-
-

1. 성령의 충만함을 받은 자 (행 2:1~13)

"그들이 다 성령의 충만함을 받고
 성령이 말하게 하심을 따라 다른 언어들로
 말하기를 시작하니라" (행 2:4)

 이스라엘의 3대 명절 중, '오순절'은 보리의 첫 결실을 드리는 날(맥추절)인 동시에 교회의 탄생일이다. 어린양(예수)의 죽음에 기초한 '유월절'에 성령강림의 '오순절'이 더해지자 이 땅의 교회가 시작된 것이다. 죄로 인해 떠나간 성령이 약속대로 오심으로 이 땅의 교회가 발현된 것이다(창2:7,6:3;욜2:28). 2장은 그 '성령의 충만함(all filled)'을 입은 자들의 특징, 즉 '성령의 권능(1:8)'으로 시작된 처음 교회의 모습을 상세히 소개한다.
 첫째, 급하고 강한 바람 같은 '소리'가 가득했다(2절). 소리는 무엇을 의미할까? 이 소리는 호렙산에서 엘리야에게 들린 '세미한 소리'와 같다(왕상19:12). 세미한 소리의 원뜻은 '신이 돌을 쪼는 소리'란 뜻이다. 신이 직접 돌을 쪼아 기록한 소리가 무엇일까? 모세가 동일한 호렙산에서 받은 돌에 기록된 말씀이다(출24:12). 결국, 소리가 온 집에 가득함은 하나님의 말씀이 교회를 사로잡았다는 뜻이다. 말씀이 가슴으로 내려와 온 심령을 사로잡는 것, 그것이 첫 번째 특징이었다.
 둘째, '불의 혀'처럼 갈라지는 것들이 각 사람 위에 임한 것이다(3절). 성경의 불은 '하나님의 임재'를 뜻한다. 모세를 부르실 때도 '떨기나무의 불꽃(출3:2)'에 임한 하나님은, 동일한 곳에서 말씀을 주실 때도 '불' 가운데 강림하셨다(출19:18). 하나님의 임재는 교회의 필수요소다. 강력한 주님의 통치는 두려움 대신 담대함을 주기 때문이다. 그 힘으로 사명을 감당케 된다(행2:14,22,29). 이것이 성령 충만의 두 번째 특징이다.

마지막은 각 나라 모국어로 나타난 '방언'이다(4절). 천하 각국에서 온 경건한 유대인들이 고국의 언어를 듣게 된 것이다(5~11절). 성경의 방언은 크게 두 종류다. 사도행전 2장의 '이해할 수 있는 언어'와 고린도전서 12장의 '뜻을 알 수 없는 언어'가 있다. 전자는 사람에게 말하지만, 후자는 하나님께 말하는 언어다(방향). 전자는 실제 언어지만 후자는 통역(은사)이 필요한 언어다(특성). 전자는 성령 충만을 입증하는 최초의 표적이지만 후자는 교회를 세우는 지속적인 은사다(목적). 중요한 것은 방언 자체가 아닌 방언의 메시지와 목적이다. 메시지는 '하나님 큰일(부활의 증인)의 증언'이며, 그 목적은 '하나 됨'이다.

과거 바벨에서 언어의 혼잡으로 민족은 흩어졌다. 땅이 교만하여 하늘까지 닿으려 했던 결과다. 그러나 예루살렘에서 언어의 장벽은 극복되고 온 민족이 복음으로 하나 되었다. 성령을 통해 하늘이 겸손하게 땅에 내려온 결과다. 이처럼 성령은 인종, 국가, 언어의 장벽을 초월한다. 성령 안에서 새로운 연합이 이루어진 것이다. 이것이 교회다. 아무리 서로 달라도 성령을 통해 함께 지어져 가는 곳이 교회다(엡2:22). 다시, 성령 충만을 사모해야 할 때다. 그 안에서 진정한 교회로 성장할 것이다!

2. 회개하여 성령을 선물로 받으라 (행 2:14~41)

"베드로가 이르되 너희가 회개하여
각각 예수 그리스도의 이름으로 세례를 받고
죄 사함을 받으라 그리하면 성령의 선물을 받으리니" (행 2:38)

베드로의 오순절 설교는 성령강림의 참뜻을 전해준다. 다른 설교에 비해 직선적이고 투박하며 거칠지만, 무려 삼천 명이 구원을 받는다(41절). 어떻게 이런 일이 가능할까? 전적인 성령의 역사다. 인간의 힘으로는 불가능하기 때문이다.

성령이 오신 목적은 우릴 '구원'하기 위함이다. 세상의 종말, 역사의 끝인 심판의 때가 반드시 있기 때문이다(17~20절). 영생의 취득 뿐 아니라 삶의 참된 해방을 위해 그는 구원받기를 촉구한다(21,40절). 특히, '복음의 사건과 증인, 약속'이라는 틀 안에서 구원을 선포한다. 복음의 사건은 예수님의 죽음과 부활의 역사다. 우리의 죄 때문에 죽으셨지만 사망의 고통에서 하나님이 직접 그를 살리셨다(23~24절,31~32절,36절). 그래서 베드로는 눈에 보이지 않아도, 지금도 살아계신 예수님을 힘껏 선포한 것이다. 그가 바로 복음의 증인이다. 증인(전하는)이 없이 복음은 결코 흘러갈 수 없다(14절,32절;롬10:13~15).

그렇다면 복음의 약속은 무엇일까? "회개하여 예수 그리스도의 이름으로 세례를 받는 것"이다(38절). 회개(μετάνοια:메타노이아)는 감상적인 것이 아니다. 몰랐던 것을 알게 되는 놀라운 깨달음이다. 나만의 틀을 뛰어넘는 이해다. 이때 변화가 찾아온다. 생각이 바뀌면 삶이 바뀌기 때문이다. 살기 위해 몸부림친 교회들에는 뼈아픈 결단과 철저한 순종이 있었다. 남들과 여타상황을 탓하는 행동을 하나님의 능력으로 멈추고 자신의 불순종에 스스로 책임을 졌다. 변화를 위해 진정한 회개를 선택하자 생명과 성장의 길로 들어선 것이다. 그래서 회개는 구원의 조건일 뿐 아니라 구원받은 자의 의무이자 책임이다.

이어지는 세례는 회개와 함께 이뤄지는 놀라운 복음의 역사다. 예수님의 세례는 세례요한의 세례와는 다르다. 그는 물로 세례를 베풀었지만, 예수님은 성령과 불로 세례를 베푸신다(눅3:16). 씻겨진 심령에 예수님이 직접 성령을 선물로 주신다는 뜻이다(38절). 성령이 내주하시면 영생을 주실 뿐 아니라(롬8:16), 우리의 삶에 친히 개입하시기 시작한다. 구원받은 자를 통해 반전을 이루셨던 것처럼 우리의 삶을 놀랍게 바꿔 가신다. 그중 가장 큰 변화는 성령 안에서 예수와 연합하는 것이다(요16:13~15). 이것이 성령을 주신 가장 큰 목적이다.

예수를 믿어도 괴로운 삶을 사는 경우가 많다. 복음의 약속을 잊었기 때문이다. 다시 회개해야 한다. 다시 예수님과 동행해야 한다. 구원받은 자의 가장 행복한 특권은 인생의 길을 예수님과 동행하는 것이다. 인생은 해결해야 할 숙제가 아니다. 주님과 동행하면 각종 돌발 상황 속에서도 예수님이 누구신지를 알게 된다. 예수님과 동행하자(요15:5). 그분의 영광을 깊이 누리는 놀라운 시간이 다가올 것이다.

3. 교회다움의 비결 (행 2:42~47)

"하나님을 찬미하며 또 온 백성에게 칭송을 받으니
주께서 구원받는 사람을
날마다 더하게 하시니라" (행 2:47)

가장 교회다운 모습은 무엇일까? 간혹 전통의 함정에 빠져 교회다움의 본질을 잊을 때가 있다. 예배 음악과 형식, 사역과 프로그램, 교회 건물과 회의 등, 전통에 집착한 나머지 우상숭배로 전락할 수가 있다. 그렇다면 교회다움의 본질은 무엇일까? 성령강림을 통해, 복음의 약속을 붙든 초대교회는(1~41절), 교회다움의 비결을 명확히 가르쳐 준다(42~46절).

첫째, 사도의 가르침을 받는 '배우는 교회'다(42절). 예수님의 제자인 사도들은 강력한 복음의 기폭제였다, 한 알의 밀알 되신 주님처럼(요12:24), 갈릴리 어부들을 통해 시작된 하나님 나라 운동은 강력하게 확장되었다(12명→3,120명). 그들이 무얼 가르쳤을까? 예수님의 삶이다. 하나님 나라를 위해 밤낮으로 달려가셨던 그분의 삶이다(눅4:43;마5:3). 많은 기사와 표적이 따른 사도들의 삶은 메시지에 강력한 힘을 더했다(43절).

둘째, 서로 '교제하는 교회'다(42절). 유무상통(44~45절)을 이룬 초대교회는 물질적인 소통만 있었던 것일까? 그렇지 않다. 죄로 인해 모든 관계는 단절되었다. 하나님뿐 아니라 아담과 하와 역시 서로 원망하는 관계로 전락했다. 그러나 삼위 하나님의 은혜로 관계가 회복되자, 소통이 회복되었다. 죄를 깨닫고, 하늘의 사랑이 부어지자, 결국 예수님이 보여주신 진정한 섬김이 이 땅에서도 가능케 된 것이다(마20:28).

셋째, 함께 '예배하는 교회'와 '떡을 떼며 오로지 기도했다'라는 두 표현 모두 정관사 'the'가 붙어있다(42절). 성만찬과 기도회가 초대교회 예배의 주된 측면이었다. 놀라운 것은 이 예배가 성전과 집에서 동시에 이루어진 점이다(46절). 이것이 초대교회 예배가 가진 균형이었다. 공식과 비공식, 조직과 비조직, 전통과 자발적인 것이 모두 공존했다. 성전의 예배도 참여했지만, 좀 더 비공식적이고 자발적인 모임을 통해 성전의 예배를 보충한 것이다. 이처럼 성령의 방식은 제한받지 않았다. 정해진 시간을 넘어, 삶의 중심인 가정을 기반으로 활기 있게 역사했다. 또한, 두려움과 기쁨의 감정이 공존했다. 몹시 기뻐할 뿐 아니라(46절), 하나님을 향한 경건(43절)이 균형을 맞춰 존재한 것이다. 하나님 안에서 기뻐하는 것도, 하나님을 두려워하는 것도 모두 성령의 역사였기 때문이다.

 이러한 초대교회에 주어진 결과가 있다. 온 백성에게 칭송을 받자, 주께서 구원받는 사람을 날마다 더하신 것이다(47절). 당시의 전도는 간헐적인 활동이 아니었다. 창립 5주년 혹은 10주년 기념 전도사업을 조직하지도 않았다. 사도들의 가르침, 사랑의 교제와 예배가 예수께 집중되자 이미 생명이 가득 넘치고 있었다. 교회다움의 본질을 회복하자. 넘치는 사랑과 기쁨이 이 땅을 향해 마음껏 흘러갈 것이다.

증인들의 고백

1. 하나님의 임재는 교회의 필수요소다. 강력한 주님의 통치는 두려움 대신 담대함을 주기 때문이다.
2. 회개는 감상적인 것이 아니다. 나만의 틀을 뛰어넘는 이해다. 이때 변화가 찾아온다. 생각이 바뀌면 삶이 바뀌기 때문이다.
3. 당시의 전도는 간헐적인 활동이 아니었다. 기념 전도사업을 조직하지도 않았다. 사도들의 가르침, 사랑의 교제와 예배가 예수께 집중되자 이미 생명이 가득 넘치고 있었다.

복음 전도를 위한 묵상

1. 성령 충만의 3가지 특징을 얼마나 사모하고 있는가?
2. 현재 나에게 가장 필요한 교회다움의 모습은 무엇인가?

3장
참된 증인의 특징

-
-
-

1. 나사렛 예수 그리스도의 이름으로 (행 3:1~10)

"베드로가 이르되 은과 금은 내게 없거니와
내게 있는 이것을 네게 주노니
나사렛 예수 그리스도의 이름으로 일어나 걸으라 하고" (행 3:6)

사도행전은 예수님의 마지막 명령이 실현되는 책이다. 한계를 넘어 원수에게 빼앗긴 도시를 되찾아 올 때마다(1:8), '성령의 표적'과 '전도자의 메시지'는 늘 함께했다(2~3장). 40년 된 앉은뱅이를 일으킨 사건 역시 동일하다. 이 표적은 복음이 예루살렘과 온 유대 땅에 전파되는 기폭제가 되었다.

베드로와 요한은 제 구시(오후 3시), 기도를 위해 성전으로 올라가고 있었다(1절). 거룩한 습관이다. 예수님처럼(눅22:39), 또한 유대인처럼 하루에 세 번 성전을 찾았다. 교회의 확장으로 쉴 틈이 없었지만, 기도는 지도자인 두 사람의 유일한 생명줄이었다. 그리고 그날 미문의 앉은뱅이를 '마주한' 것이다. 당시의 성전 미문은 금과 은으로 입혀진 황동으로 제작된 이중문이었다. 높이가 23m에 달하여, 아름다울 뿐 아니라 웅장하고 장엄하기까지 했다.

또한, 성전 안의 첫 장소인 여인들의 뜰에 들어가기 위한 출입구였기에 통행인이 많았다. 그곳에 매일 구걸하지 않으면 생계를 이어갈 수 없는 직업적인 거지가 있었다(2절). 그는 무려 40년 동안(행4:22) 뼈와 근육이 굳어져 일어나 본 적 없는 이름 모를 '한 영혼'이었다.

누군가의 도움 없이 살 수 없는 그처럼, 우리 주변에도 온몸과 마음이 심각하게 아픈 영혼들이 있다. 어쩌면 세상의 기준(맘몬)에 짓눌려 염려와 근심으로 사는 영혼들이다. 또한, 더 깊은 보좌(성소)로 나아가지 못하고 방황하는 성도의 모습일 수 있다. 결국, 그는 이 모든 아픔을 끌어안은 채 두 사람을 본 것이다. 감사한 것은, 기도의 처소를 찾는 두 사람이 이전과 달랐다는 점이다. 매일 보던 자였지만, 그날은 달랐다. 성령 안에서 아버지의 마음이 가득 부어졌다(요14:20). "주목하여 이르되 우리를 보라!(4절;행1:10)" 담대히 외칠 수 있었다.

무엇을 얻을까 바라본 그에게(5절), 베드로는 복음을 전한다. "은과 금은 내게 없거니와 내게 있는 이것을 네게 주노니 나사렛 예수 그리스도의 이름으로 일어나 걸으라(6절)" 우리는 진지하게 되물어야 한다. 은과 금이 큰가, 예수의 이름이 큰가? 은과 금이 소중한가, 예수 그리스도의 이름이 소중한가? 교회가 세상을 향해 주어야 하는 것은 은과 금이 아니다. 물론 구제와 여러 섬김에 최선을 다해야 한다. 그러나 그보다 중요한 것이 있다. 나사렛 예수 그리스도의 이름이다(7~10절).

많은 돈이 추한 자를 정하게 못 한다. 불신앙의 완고한 마음을 옥토로 만들지 못한다. 오직 예수님만이 추한 자를 정하게 하신다. 죄인을 의인으로 변화시킨다. 나면서부터 앉은뱅이 된 자와 같이 불가능해 보이는 문제도 능히 해결하신다. 죄인을 자유케 하며, 진리로 이끌 유일한 이름을 붙들자(요14:6;딤2:11,3:6). 삶의 모든 슬픔을 기쁨으로 바꿔주실 것이다.

2. 우리가 이 일에 증인이라 (행 3:11~26)

"생명의 주를 죽였도다
그러나 하나님이 죽은 자 가운데서 그를 살리셨으니
우리가 이 일에 증인이라" (행 3:15)

성령이 오신 목적은 분명하다. 땅끝까지 이르는 증인을 만들기 위함이다(1:8). 승천하시는 예수님은 염려하지 않으셨다. 또 다른 보혜사(helper)가 오시기 때문이다(요14:16~18). 그 성령님이 함께할 때 참된 증인으로 거듭나게 된다(요14:12).

'갈대 상자'의 주인공인 고 김영길 총장(한동대)은 성령을 받고 새사람이 된 분이다. 한 사람이 변화되자 수많은 열매가 맺혀졌다. 졸업생들은, 사회적 기업을 비롯한 여러 자리에서 선한 영향력을 끼치기 시작했다. 모진 고난을 감수하며 자리를 지킨 한 증인의 영향력이다.

베드로는 이러한 증인의 표본이다(15절, 2:32). 증인 (μαρτυς:마르튀스)은 '피고의 죄를 변호하거나 고발하기 위해 세워진 사람'을 가리키는 법적 용어다. 베드로는 죽으시고 부활하신 주님을 실제로 본 목격자인 동시에 이 사실을 다른 이에게 알리는 증인이었다. 특히, 솔로몬 행각의 설교는 참된 증인의 특징이 무엇인지를 상세히 알려준다.

먼저, 증인은 철저히 하나님께 영광을 돌리는 자다(12~13절). 일어난 앉은뱅이를 보고 모인 수많은 사람을 향해, 그는 외쳤다. "왜 놀랍게 여기느냐, 왜 우리를 주목하느냐?" 자신의 힘이 아니라는 뜻이다. 앉은뱅이를 일으킨 것은 예수님의 능력이란 뜻이다. 그는 철저히 자신에 대한 명예를 거절했다(마15:31). 예수님을 일으키신 하나님만을 찬양했다. 절대 쉽지 않은 모습이다. 이러한 결단은 어찌 가능할까? 바울은 이것이 믿음의 문제임을 밝힌다(롬4:20~21). 아브라함은 믿음으로 하나님의 약속을 의심하지 않고, 건고한 믿음으로 하나님께 영광을 돌렸다. 그러니 만일, 믿음이 없다면 눈앞의 결과는 하나님과 상관없는 일이 된다. 내 힘으로 왔다고 착각하게 만든다. 아니다. 하나님의 능력이다. 성령의 전적인 이끄심이다.

둘째, 증인은 천국 복음을 전하는 자다(19절). 베드로는 다시 회개의 메시지를 전한다. 그러나 이전(2:38)과는 다른 메시지다. 죄 사함뿐 아니라 '새롭게 되는 날'이 이를 것이라고 말한다. 죄 사함이 회개의 소극적 결과라면, 새롭게 됨은 회개의 적극적 결과다. 새롭게 됨(개역한글: '유쾌하게 되는')이란 'refreshment'로 '원기회복'을 뜻한다. 어떤 죄를 지었든지 간에, 심지어 하나님이 보낸 메시아를 죽였을지라도 회개하면 모든 죄는 도말 되고 천국(새날)을 누린다는 의미다(사43:25).

예수님은 공생애 첫 메시지로 '회개하라 천국이 가까이 왔다(마4:17)'라고 외치셨다. 죄에서 돌이켜 자신에게 올 때, 비록 어두운 이 땅에서도 참된 천국, 하나님 나라를 누릴 수 있다는 의미다. 성령 안에서 증인 된 베드로는 철저히 예수님을 따랐다. 믿음으로 영광을 돌렸고 끝까지 천국 복음을 전했다. 현재 나는 증인인가? 증인의 삶을 묵상하며 다시 한번 전진하자!

증인들의 고백

1. 교회가 세상을 향해 주어야 하는 것은 은과 금이 아니다. 물론 구제와 여러 섬김에 최선을 다해야 한다. 그러나 그보다 중요한 것이 있다. 나사렛 예수 그리스도의 이름이다.
2. 성령이 오신 목적은 분명하다. 땅끝까지 이르는 증인을 만들기 위함이다.
3. 죄에서 돌이켜 예수에게 올 때, 비록 어두운 이 땅에서도 참된 천국 하나님 나라를 누릴 수 있다.

복음 전도를 위한 묵상

1. 예수 그리스도의 이름이 모든 문제의 근원을 해결할 수 있음을 믿고 있는가?
2. 나는 증인된 삶을 살고 있는가? 증인된 삶을 사는 사람의 특징은 무엇인가?

4장

환난을 이기는 증인들

-
-
-

1. 보고 들은 것을 말하지 아니할 수 없다. (행 4:1~22)

"우리는 보고 들은 것을
말하지 아니할 수 없다 하니" (행 4:20)

　사도행전은 초대교회 성도들과의 통시적 대화(시대를 관통한)를 가능케 한다. 그 대화는 현재를 사는 우리의 안일하고 혼란스러운 생각을 흔들어 놓아, 회개를 통해 새로운 희망을 품게 한다. 반복된 '표적과 말씀(2~4장)'이 그 증거다. 기적이 목적이 아니다. 기적은 언제나 진리로 이끄는 통로가 된다.

　아이러니한 것은 이러한 사도들의 왕성한 활동에 제동이 걸린 점이다. 칭찬과 인정이 아닌 투옥 및 협박이 따랐다. 유대 종교지도자들은 하나같이 사도들을 싫어했다(2절;요15:19). 심히 화가나 어쩔 줄 몰라 불안해한 것이다. 제사장과 성전 맡은 자, 사두개인들(1절), 더 나아가 유대의 최고 법정인 산헤드린 공회원의 관리(종교계 대표)와 장로들(행정적 대표), 서기관(학적 대표)들과 예수를 죽이는 데 깊이 관여한 안나스와 가야바까지 나섰다(5~6절). 이들은 왜 한 마음이 되었을까? 막강한 기득권을 유지하는데, 사도들이 방해되었기 때문이다.

　목적이 같았다. 수많은 이권과 제물을 챙기는 데 방해가 될 정도로 두 사람이 유대 사회에 큰 충격을 준 것이다. 진리가 아닌 이익만을 좇아간 지도자들이었다(눅8:37). 결국, 두 사람을 향한 질문, "무슨 권세와 누구의 이름으로 이 일을 행했느냐?(7절)"는 그들을 사형시키기 위한 계략이었다. 유대교는 '하나님'의 권세가 아닌 다른 이름을 말할 때 이단으로 선고하며 출교 및 사형을 시켰다. 그러나 베드로는 이 사실을 알고도 진리를 선포했다. "너희가 십자가에 못 박고 하나님이 살리신 나사렛 예수 그리스도의 이름으로" 행했다(10절). 이 예수는 "너희 건축자들의 버린 돌이지만 집 모퉁이의 머릿돌"이 되셨다(11~12절). 성령 충만한 베드로는 타협하지 않았다(8절). 이 말로 인해 목숨을 잃을지라도 참 진리를 말한 것이다.

'집 모퉁이의 머릿돌'이란 서로 맞닿는 두 벽을 견고하게 연결하는 기초 석이다. 이런 이유로 건축자들은 모퉁잇돌에 자신의 이름을 새기기도 한다. 결국, 모퉁잇돌 되신 예수가 사도들과 선지자들뿐 아니라 우리 인생의 기초 석이 되셨다(엡2:20). 친히 연단을 받음으로 불안한 내 인생을 견고하며 다급하지 않게 하신다(사28:16). 지도자들은 강력한 표적으로 두 사람을 죽일 수 없었지만, 예수의 이름을 아무에게도 말하지 말라고 협박한다(16~18절). 이것이 세상이다. 예수의 이름을 말하는 것은 사탄이 가장 싫어하는 일이다. 그러나 증인의 대답은 동일했다.

"보고 들은 것은 말하지 아니할 수 없다(20절)"

이 시기 그리스도교는 불법이었다. 예수를 믿는 데 아무런 유익이 없었다. 도리어 목숨을 내놓아야 했다. 그런데도 그 길을 걸었다. 내 안에 계신 이가 세상보다 크심을 확신했기 때문이다. 삶의 유일한 보호자 되신 예수님을 붙들자. 따뜻하고 놀라운 변화가 지속될 것이다.

2. 환난을 이기는 위로자, 바나바 (행 4:23~37)

"구브로에서 난 레위족 사람이 있으니

이름은 요셉이라 사도들이 일컬어

바나바라(번역하면 위로의 아들이라)하니" (행 4:36)

복음의 거침없는 진군은 언제 가능할까? 사도행전은 이 질문에 분명한 답을 준다. '준비된 증인', 성령에 사로잡힌 그들이 바로 '답'이다(창6:3). 오늘도 우리는 참 제자를 꿈꾼다. 예수님 닮은 온전한 그리스도인을 갈망한다. 사도행전은 그 제자를 '증인(행1:8,2:32,3:15)'이라 부른다. 증인 (μαρτυς:마르튀스)은 자신이 경험한 예수님 때문에 세상의 관심을 받는 자다. 그리고 경험한 예수를 말할 수 있고 말해야만 하는 책임이 따르는 자다.

사도행전은 이러한 증인들의 이야기로 가득 차 있다. 베드로와 요한을 비롯한 초대교회가 어찌 이러한 증인이 되었을까? 여러 원인 중 하나가 바로 '환난'이다. 다윗은 이미 "열방이 분노하며 민족들은 헛된 일을 꾸미고 세상의 왕들이 그리스도를 대적할 것"이라 예언했다(25~26절, 시 2:1~2). 헤롯과 빌라도도 이방인과 이스라엘과 하나 되어 대적했다(27~28절). 놀라운 점은 '위협'이 강해질수록 더욱 담대히 복음을 전했다는 것이다(29~31절). 그래서 교회는 본질상 'antifragile(충격을 받을수록 더 강해지는 성질)'이다. 핍박이 올 때 교회는 더욱 번성한 것이다.

자세히 보니, 하나님의 방법은 세상을 '힘'으로 이긴 것이 아니었다. 죽이려고 덤비는 세상을 죽이는 것이 아닌, 죽음으로 승리를 이루셨다. 그 증거가 예수님이다. 그래서 예수님은 모든 사건, 모든 일마다 증거되었다. 단순한 구호가 아니라, 예수님이 참된 힘이자 능력이기 때문이다(마 16:18). 사탄은 물리적 폭력뿐 아니라(2~4장), 도덕적 부패와 타협으로, 또는 지도자를 산만하게 함으로 공동체를 흔들었다(5~6장). 그럼에도 증인들은 박해 앞에서 더욱 예수를 의지했다. 더욱 인내했고, 더욱 사랑하며, 변화된 삶을 통해 하나님의 능력을 드러냈다.

이것이 힘이었다. 누가는 그 중심에 있던 한 인물을 소개한다. '위로자'라는 별명을 지닌 바나바다(36절). 얼마나 큰 위로가 되었으면 사도들이 그의 별명을 위로자라 지었을까? 사도행전의 대표 증인인 바나바의 위로는 교회가 환난을 돌파하게 하는 또 다른 힘이었다.

그는 착하고 성령과 믿음이 충만한 자였다(11:24). 맛디아와 함께 12번째 제자의 후보에 오른 동일인물일 수 있다(1:23). 수많은 영혼을 살렸지만, 특히 사람을 세우는 영성가였다. 개종한 사울을 끝까지 변호하며, 안디옥교회와 이방 선교의 선구자로 세우는 다리가 되었다.

이런 그가 밭을 팔아 그 값을 공동체로 헌신했다(37절). 추측건대 고향인 구브로의 밭의 값은 상당했을 것이다. 그렇다면 어떻게 이런 섬김이 가능했을까?

먼저 그에게는 '각 사람의 필요'가 눈에 보였을 것이다(35절). 그리고 아마도 그 전에, 자신의 필요를 채우신 예수님의 사랑을 깊이 느꼈을 것이다. 결국, 그 사랑이 순전한 드림으로 드러난 것이다. 그리고 강력한 위로로 흘러간 것이다. 나의 필요를 채우시는 주님을 바라보자! 위대한 위로가 누려지고 또 흘러갈 것이다.

증인들의 고백

1. 복음의 거침없는 진군은 언제 가능할까?
'준비된 증인', 성령에 사로잡힌 그들이 바로 '답'이다
2. 증인(μαρτυς:마르튀스)은 자신이 '경험'한 예수님 때문에 세상의 관심을 받는 자다.
그리고 경험한 예수를 말할 수 있고 말해야만 하는 책임이 따르는 자다.
3. 사도행전의 대표증인인 바나바의 '위로'는 교회가 환난을 돌파하게 하는 또 다른 힘이었다.

복음 전도를 위한 묵상

1. 최근 예수님을 만난 경험은 언제인가?
2. 현재 내 주변에서 위로가 가장 필요한 영혼은 누구인가?

5장
큰 두려움을 만날 때

-
-
-

1. 큰 두려움을 이기는 소망 (행 5:1~16)

"온 교회와 이 일을 듣는 사람들이
다 크게 두려워 하니라" (행 5:11)

　아나니아와 삽비라 부부의 사건은 초대교회의 부흥에 찬물을 끼얹는 사건이었다. 아나니아와 삽비라가 자신들의 소유(땅)를 판 후에 그 값에서 얼마를 감추고 그 일로 인해 생명을 잃게 된 것이다. 죄가 얼마나 심각했기에 생명까지 잃게 되었을까? 그 일의 '동기'와 '방법'에서 원인을 찾아볼 수 있다.

　두 사람은 이방 출신 바나바의 헌신과 사도들의 인정을 보며(행 4:36~37), 인정받고 싶은 마음을 가졌던 것 같다. 정통유대인으로서 공동체에 큰 영향을 끼치고 싶었다. 결국, 잘못된 시기가 헌신의 동기가 된 셈이다(1절). 그 값을 사도들의 발 앞에 둔 것은 전적인 권한 위임을 의미했다. 그러나 그 일부를 감춤으로 결국 하나님의 것을 훔친 셈이 되었다(2절).

　누가는 공동체가 '크게 두려워'했음을 반복적으로 기록한다(5:11절). 이 사건이 공동체를 크게 위축시킨 것이다. 왜 성도들이 크게 두려워했을까? 두 사람의 일이 자신들에게도 얼마든지 일어날 수 있음을 직감했기 때문이다. '불순한 동기와 약속을 어김'은 피할 수 없는 인간의 연약한 본성이기 때문이다(행5:17). 핵심은 초대교회가 이 아픔을 극복했다는 점이다. 걸림돌을 디딤돌 삼아, 더욱 힘차게 복음을 전한 것이다(12~16절).

정말 궁금한 점은 마주한 큰 두려움을 '어떻게 극복했느냐?'이다. 엄청난 사탄의 공격과 슬픔 앞에 사도들은 엎드렸을 것이다. 그리고 성령님은 해결책을 주셨을 것이다. 그 해결책은 비슷한 상황에 놓여있던 구약의 '여호수아'서다(수7장). 강력한 교회의 부흥처럼 가나안 정복 전쟁의 승리를 맛본 이스라엘 공동체도 피할 수 없던 문제가 있었다. 바로 인간의 욕심이다. 아간이 하나님께 온전히 바친 물건을 슬쩍 훔친 것이다. 놀라운 것은 두 부부의 '감추다(νοσφίζω:노스피조, 2절)'라는 동사와 아간이 '가져가다'(70인역,수7:1)라는 동사가 같다는 점이다.

아담과 하와의 범죄가 아간에게, 또 아나니아와 삽비라에게 시대를 넘어 전수된 것이다(창3:6;수7:15,21;요1서2:16). 아이성 패배는 당시 이스라엘의 마음을 물같이 녹여버렸다(수7:5). 큰 두려움에 사로잡힌 것이다. 아간이 묻힌 아골(괴로움) 골짜기의 돌무덤은 잊히지 않았을 것이다. 그러나 그들 또한 큰 두려움을 극복했다. 어떻게 가능했을까? 이 비밀은 호세아에서 밝혀진다. 예수의 그림자인 호세아는 결국 큰 범죄로 무너진 아내에게 '포도원을 주고 아골 골짜기로 소망의 문으로 삼아 주었다'(호2:14~15). 저주와 심판의 상징인 아골 골짜기에 소망을 심어준 것이다. 그 소망(mpn:티그바)이 '줄'을 뜻하고, 그 줄이 라합이 내건 붉은 줄(수2:18), 곧 십자가의 주체인 예수 그리스도를 상징한다.

실패와 아픔은 분명 큰 두려움을 가져온다. 두려움에서 우리를 무너뜨리려 한다. 그러나 주님은 어떠한 절망도 소망으로 바꾸시는 분이다. 그 주님을 다시 바라보자! 큰 두려움을 반드시 이기게 될 것이다.

증인들의 고백

1. 초대교회는 사탄의 공격과 슬픔 앞에 두려움을 극복했다.
걸림돌을 디딤돌 삼아, 더욱 힘차게 복음을 전한 것이다
2. 하나님은 저주와 심판의 상징인 아골 골짜기에 소망을 심어주었다.
그 소망(mpn:티그바) '줄'을 뜻하고, 그 줄이 라합이 내건 붉은 줄(수2:18),
곧 십자가의 주체인 예수 그리스도를 상징한다.

복음 전도를 위한 묵상

1. 지금 나에게 가장 큰 두려움은 무엇인가?
2. 나의 소망은 무엇인가? 또는 십자가의 주체이신 예수그리스도만이 나의 소망되심을 고백하는가?

6장
내부의 분열을 막다

-
-
-

1. 갈등을 풀어가는 원리 (6:1~7)

"우리는 오로지 기도하는 일과
말씀 사역에 힘쓰리라 하니" (6:4)

초대교회는 '제자의 수'가 많아지는 교회였다(1절). 날마다 예수가 그리스도임을 가르쳤기 때문이다(5:42). 단지 성도의 수가 늘어난 것이 아니다. 온전한(τέλειος:텔레이오스) 사람으로 끊임없이 변화되고 있는 제자가 많아졌다는 의미다(골1:28).

그런 초대교회도 갈등은 피할 수 없었다. 당시 교회의 큰 과제는 '숙식'이었다. 한마음으로 감당할지라도 절대 만만치 않았다. 바로 이때, 문제가 터졌다. 히브리파 유대인들이 헬라파 유대인들의 과부를 '매일 구제 혜택'에서 제외한 것이다(1절). 팔이 안으로 굽듯, 타 언어와 문화를 가진 헬라파 출신의 영혼들을 무시한 것이다. 생명으로 하나 된 교회 안에, 갈등으로 인한 불평과 원망은 급속도로 퍼져갔다. 중요한 것은 갈등을 풀어가는 과정이다. 인간적으로는 교회를 분리할 수도 있었다. 추경예산과 집행도 가능했다. 그러나 사도들의 반응은 달랐다.

갈등을 풀어간 첫 번째 원리는 '한 영혼의 소중함'을 되새기는 것이다. 원망한 이들은 예루살렘 본토 국민이 아니다. 해외로부터 온 입주자였고, 어쩌면 비주류였다. 그러나 그들의 아픔에 집중했다. 열두 사도가 모든 제자를 부른 것이 그 증거이다(2절). 숫자의 횡포나 다수의 논리가 아닌 한 사람의 의견에 집중한 것이다. 마치 아흔아홉 마리의 양을 들에 두고 잃어버린 한 마리 양을 찾아내기까지 찾아다닌 예수님처럼(눅15:4), 연약한 고리에 사도들과 모든 제자가 함께 집중한 것이다.

두 번째 원리는 사도들이 오로지 '기도와 말씀 사역에 집중'한 것이다(4절). 사도들은 문제의 뿌리를 제대로 파악했다. 단계를 달리하며 교회를 흔드는 사탄의 세 가지 전술을 간파한 것이다. 첫째는 힘으로 교회를 억누르려 했다(3~4장). 통하지 않자 둘째로 아나니아와 삽비라 부부의 위선을 통해 교회를 부패시키려 했다(5장). 셋째로 성도 간의 갈등을 통해 지도자들이 기도와 말씀 전파에서 주의를 다른 곳으로 돌리려 했다. 그로 인해 교회에 틈을 내어 다양한 오류와 악에 노출시키려 한 것이다. 만일 사탄이 이런 시도 중 하나라도 제대로 성공했다면, 예수 공동체는 초기에 소멸해 버렸을 것이다. '말씀과 기도'를 대체할 수 있는 것은 없다. 이는 교회를 세우는 가장 중요한 기초다. 사도들의 비장한 선포는 함께하는 제자들과 성도들의 믿음을 더욱 견고히 했을 것이다.

세 번째 원리는 성령과 지혜가 충만하며 칭찬받는 일곱을 세운 것이다(3절). 놀라운 사실은 공동체를 전적으로 섬길 일꾼의 이름을 유추해보니 모두 '헬라파 유대인'이었다는 사실이다. 문제를 몸소 직면한 부류에서 지도자를 선출한 것이다.

어떤 공동체도 갈등을 피할 수 없다. 내부의 갈등에 부딪힐 때, 제자들이 보여준 모습을 기억하자. 또한, 그 원리대로 실천하자. 아름다운 부흥이 재현될 것이다(7절).

증인들의 고백

1. 갈등을 풀어간 첫 번째 원리는 '한 영혼의 소중함'을 되새기는 것이다.
   숫자의 횡포나 다수의 논리가 아닌 한 사람의 의견에 집중한 것이다.
2. '말씀과 기도'를 대체할 수 있는 것은 없다.
   이는 교회를 세우는 가장 중요한 기초다.

복음 전도를 위한 묵상

1. 갈등을 일으키고 있는 영혼이 있는가? 한 영혼의 소중함을 기억하자.
2. 기도와 말씀 안에 거하는 일에 최우선순위를 두고 있는가?

7장
새로운 시작을 알리는 죽음

-
-
-

1. 스데반의 죽음을 통한 파장 (행 7:54~60)

"스데반이 성령 충만하여
하늘을 우러러 주목하여 하나님의 영광과 및 예수께서
하나님 우편에 서신 것을 보고" (행 7:55)

   스데반은 은혜와 권능이 충만하여 큰 기사와 표적을 행하는 '사도급'의 집사(6:8,21:8,봉사자)였다. 또한, 헬라파 유대인으로서 같은 헬라파 유대인에게 예수님을 증거하는 전도자였다. 뛰어난 지성과 다듬어진 인격에 성령 충만까지 받은 스데반의 영향력은 대단했다. 그러나 성경에 소개된 그의 활약은 잠시였다. 천사 같은 얼굴이었지만 비수같이 던져진 그의 설교로 인해 돌에 맞아 죽었기 때문이다(59절). "하나님은 성전에도 거하지만, 성전에만 거하는 것은 아니다(7:1~53)"라는 그의 설교는 성전을 통해 먹고 살았던 그 당시 종교지도자들에게 치명적이었다. 그의 폭탄선언이 비장한 죽음으로 이어진 것이다.

   거짓 증언으로 성전과 율법 모독죄로 고발당한(6:13) 그는 최상위 사법기관인 산헤드린 공회에서 피고로서 심문을 당할 때도 흔들림이 없었다. 철저히 그리스도를 본받아 살다가 그리스도를 본받아 순교했다(요 12:24). 예수님처럼 자신의 영혼을 맡기고 모든 이를 용서하고 잠든 것이다(60절;눅23:34). 그러나 최초의 순교자였던 그의 죽음의 파장은 실로 대단했다.

우선 믿음의 후배들에게 '본'이 되었다. 자신을 죽이는 자들을 도리어 축복하고 환한 얼굴로 마지막 순간을 맞이한 그의 삶은 두려움에 사로잡혔던 후배들을 담대하게 만들었다. 또한, 그의 죽음은 초대교회가 흩어지는 계기를 가져왔다. 그의 죽음을 통해 큰 박해가 교회에 있었고 성도들은 드디어 예루살렘을 넘어 유대와 사마리아 모든 땅으로 흩어진 것이다(8:1). 예수님이 남겨주신 지상명령의 성취가 이뤄지는 순간이었다(1:8).

무엇보다 그의 죽음은 많은 지도자의 회심을 가져왔다. 스데반 교회의 벽화에는 당시 최고의 지혜자인 가말리엘이 스데반의 시신을 옮기는 장면이 존재한다. 가말리엘 역시 스데반의 영향을 받은 것이다. 무엇보다 그의 죽음은 사울의 첫 등장과 연관된다(58절). 그리고 그의 마지막 기도는 '박해자 사울을 예수의 증인 바울'로 바꾸는 계기가 된다. 결국, 그의 순교는 자신을 능가하는 새로운 스데반을 만든 것이다. 실제 바울이 스데반을 언급한 순간은 딱 한 차례다(행22:20). 그러나 그의 삶은 이미 스데반의 삶을 재현하기에 충분했다.

그렇다면 스데반은 어떻게 이처럼 죽음을 맞이했을까? 결정적인 순간 그가 한 일은 '한 가지'다. "하늘을 주목하여 하나님 우편에 서서 계신 예수님을 본 것"이다(55절). 태양처럼 빛나며 직접 서 계신 예수님을 보았을 때 그는 세상이 줄 수 없는 힘을 얻었을 것이다. 아마도 예수님의 온 몸에서 스데반을 향해 따뜻한 사랑과 성령의 은혜를 비롯한 모든 환난을 이길 힘이 흘러왔을 것이다. 그 힘으로 넉넉히 승리한 것이다.

스데반과 같이 주님을 잠잠히 바라보자. 잠잠히 바라볼 때, 주님께로부터 오는 힘이 우릴 새롭게 만들 것이다. 모든 환난을 이기게 하실 주님을 기대하자!

증인들의 고백

1. 스데반의 마지막 기도는 '박해자 사울을 예수의 증인 바울'로 바꾸는 계기가 된다.
결국, 그의 순교는 자신을 능가하는 새로운 스데반을 만든 것이다.
2. 태양처럼 빛나며 직접 서 계신 예수님을 바라볼 때 세상이 줄 수 없는 힘을 얻었을 것이다. 그 힘으로 넉넉히 승리하는 것이다.

복음 전도를 위한 묵상

1. 전도에 실패했다고 느낀 적이 있었는가? 만일, 있었다면 어떤 시간이었는가?
2. 예수님께로부터 흘러왔던 따뜻한 사랑과 성령의 은혜를 기억해 보자.

PART 2

복음전도의 확산,
박해를 통과하다

"완벽하게 이끄시는 성령의 손길"

8장

성령의 이끄심을 따르는 자

-
-
-

1. 큰 아픔, 큰 기쁨 (행 8:1~8)

"빌립이 사마리아 성에 내려가
그리스도를 백성에게 전파하니…
그 성에 큰 기쁨이 있더라" (행 8:5, 8)

사도행전은 한 영혼의 '증인화'에 집중(focus)한다. 우리 안에 살아계신 성령님은 복음 전하는 자로 어떻게든 우리의 삶을 이끄신다. 성령의 주된 역할은 크게 두 가지다. 자녀답게(롬8:16) 또한 증인답게(행1:8) 살도록 돕는 일이다. 스데반의 죽음 이후 유대와 사마리아로 흩어진 사람들은 증인으로 변화된다(4절). 누가는 빌립 외에 그들의 이름을 기록하지 않는다. 비록 '사도'는 아니었지만(1절), 증인의 삶을 살아낸 것이다. 누구라도 성령 안에서 증인이 될 수 있다는 의미다.

놀라운 사실은 그들을 증인으로 변화시킨 기폭제가 '큰 박해(1절)'라는 점이다. 이와 함께 '큰 울음(2절)'과 교회를 잔멸하는 '큰 죽음(3절)'이 이어졌다. 여기서 '크다(μέγας:메가스)'는 단순히 '아주 심하다'라는 뜻을 넘어 '점점 커진다'는 의미다. 한마디로 교회를 향한 '큰 아픔'이 점점 깊어졌다는 뜻이다. 이것이 기독교의 역설이다.

역사와 인생을 경영하는 하나님의 경륜은 이해(납득)되지 않을 때가 많다. 스데반이 자신을 죽인 사울이 복음전파를 이어갈지, 사울이 자신이 죽인 스데반의 사명을 이어갈지를 알았겠는가? 그러니 하나님을 알아갈 수록 겸손할 수밖에 없다. 초대교회의 큰 아픔은 그들의 걸음을 변화시켰다. 새로운 땅으로 가게 만든 것이다.

이것이 환난이 필요한 이유다(롬8:18, 행14:22). 환난은 주를 더욱 의지할 뿐 아니라, 새로운 시각을 갖게 한다. 결국, 큰 아픔이 증인이 되는 지름길이 된 셈이다. 빌립이 도착한 사마리아 성은 이러한 큰 아픔을 상징하는 곳이다. 역사적인 상처 외에도 귀신들린 많은 이들과 또 많은 중풍병자와 못 걷는 사람이 있던 곳이다. 갖은 실패와 절망으로 가득 찬 곳에 복음의 말씀이 전해지자 '큰 기쁨'을 누리기 시작했다.

"그 성에 큰 기쁨이 있더라(8절)". 기쁨이 누룩처럼 퍼져갔다는 뜻이다. 저자인 누가는 이것이 증인이 누리는 삶의 특징임을 강조한다. 큰 박해, 큰 울음, 큰 죽음을 뛰어넘는 큰 기쁨을 누리고 확장시키는 역할이다. 어떻게 이 일이 가능했을까? 흩어진 자들이 전한 복음의 말씀, 즉 '그리스도' 때문이다(5절). 그리스도란 '예수가 내 삶의 참 주인이다'라는 고백이다. 그분이 주인이면 나는 주인에게 속한 종이다. 그리고 그분이 진정한 주인임을 믿는다면 좋은 어떤 고민도 할 필요가 없다. 종의 삶은 주인이 전적으로 책임지기 때문이다.

그래서 초대교회는 이 진리를 지속적으로 가르쳤다(행5:42). 예수님은 자신이 그리스도임을 믿는 자들에게 지금도 동일하게 역사하신다. 내 삶을 오랫동안 짓누르는 아픔이 무엇인가? 그곳에서 그리스도 예수를 전적으로 바라보자. 놀랍고 깊은 주의 기쁨이 삶 속에 누려질 것이다.

2. 주의 영이 이끌어 가는 자 (행 8:26~40)

"둘이 물에서 올라올새
주의 영이 빌립을 이끌어간지라
내시는 기쁘게 길을 가므로 그를 다시 보지 못하니라" (행 8:39)

 참된 그리스도인의 모습은 무엇일까? 사도행전은 시대가 줄 수 없는 명확한 답을 제시한다. 열두 제자, 그리고 일곱 집사까지 초대교회는 갖은 박해 속에서도 증인의 삶을 살아냈다. 어떤 환난과 역경도 복음의 능력을 약화시키지 못했다. 어떻게 가능했을까? 빌립의 삶은 그 원인을 분명히 보여준다.
 그를 증인의 길로 이끈 가장 큰 원인은 '성령의 이끄심'이다. '주의 사자(26절)'는 사도행전에 표현된(5:19,12:7,12:23) '천사'를 뜻하지 않는다. 문맥상(26,29,39절) 주의 사자는 '성령'으로서 빌립을 주도적으로 이끄시는 분이다. 성령은 빌립에게 '일어나 남쪽으로 향하여 광야길'로 갈 것을 명한다. 사마리아에서 예루살렘으로, 다시 예루살렘에서 가사로 가는 길은 족히 120km가 넘는 길이다. 가사가 애굽과 앗수르를 잇는 길이긴 하나, 그 길은 좀처럼 인적이 드문 사막이다. 결국, 따가운 햇볕 아래 버려진 길을 갈 것을 명령한 것이다.
 또한, 빌립이 있던 사마리아 성은 이미 큰 열매가 있는 곳이었다. 큰 기쁨과 동시에 베드로와 요한의 방문을 통해 강력한 성령 세례의 역사가 일어났다. 심지어 마술사 시몬의 회심을 포함한 열매가 지속되었다(9~25절). 그런데 그곳을 떠나라 명하신 것이다. 합리적이지 않고 효율적이지도 않았다. 사마리아의 큰 부흥을 이룬 후의 자리가 더 넓고 알려진 장소가 아닌, 사람이 살지 않는 도시였다. 상식을 뛰어넘는 성령의 이끄심이다. 때로는 성령께서 이처럼 이끄실 때가 있다. 우리의 생각과 방법을 초월하시는 간섭이다(요3:8;롬11:33).

  중요한 것은 성령의 이끄심에 대한 '순종'이다. 이는 증인을 완성하는 또 하나의 퍼즐이다. 만일 사마리아 성에 대한 미련으로 빌립이 순종하지 않았다면 어떻게 되었을까? 감사하게도 그는 성령의 뜻에 즉각 순종했다. 어떤 불만과 지체함 없이 '일어나 갔더니'(27절), 간다게의 모든 국고를 맡은 내시를 만나게 된 것이다.

  한낮의 태양 볕의 장벽도, 머나먼 거리의 장벽도, 스스로 충분히 누릴 수 있는 특권을 내려놓는 장벽도 그는 초월한 것이다. 그리고 그의 순종은 구스(에디오피아)땅의 구원을 약속한 예언(시68:31)의 성취가 되었고, 결국 구스 땅은 아프리카에서는 보기 드문 기독교 국가를 이루었다. 이 일이 한 영혼을 통해 일어난 것이다. 복음을 통한 기쁨이 그를 압도하자 강력한 부흥이 확장된 셈이다.

  놀라운 것은 빌립이 잠시도 쉬지 않고 다른 지역으로 옮겨 복음을 전한 점이다(40절). 그리고 그가 지나간 해안 지방은 훗날 사도들의 본격적인 사역의 토대가 되었다. 성령은 지금도 자녀들의 삶을 이끄신다. 구체적인 이끄심을 거절하지 말고 순종하자. 놀라운 변화가 일어날 것이다!

증인들의 고백

1. 사도행전은 한 영혼의 '증인화'에 집중(focus)한다.
   성령의 주된 역할은 크게 두 가지다.
   자녀답게(롬 8:16) 또한 증인답게(행 1:8) 살도록 돕는 일이다.
2. 중요한 것은 성령의 이끄심에 대한 '순종'이다.
   이는 증인을 완성하는 또 하나의 퍼즐이다.

복음 전도를 위한 묵상

1. 이해되지 않는 어려움을 경험한 적이 있는가? 그 아픔을 통해 하나님의 경륜을 이해하고 증인된 삶을 살도록 하시는 하나님의 뜻을 발견하였는가?
2. 성령의 인도하심에 '순종'한 경험을 함께 나누어 봅시다.

9장
감추어진 시간들

-
-
-

1. 사울이 변화되다 (행 9:1~19)

"사울이 길을 가다가

다메섹에 가까이 이르더니

홀연히 하늘로부터 빛이 그를 둘러 비추는지라" (행 9:3)

사울은 스데반(7장)과 빌립(8장)을 잇는 위대한 증인이다. 어떻게 그는 자신의 목숨을 아끼지 않는 사명자(행20:24,21:13)로 변화되었을까? 물론 변화는 지속된다. 여러 환경 속에서 다양한 훈련도 필요하다. 때론 저항하고, 때론 뒤로 물러나며, 때론 기도와 묵상으로 바울은 한계를 극복했다. 날마다, 순종을 통해 죽어지는 훈련을 거듭해 갔다(고전15:31).

그러나 그의 인생을 변화시킨 분명한 '변곡점'이 있었다. 바로 주님과 만남이다(3절). 그 만남은 그를 '핍박자'에서 '증언자'로 변화시켰다. 다메섹 도상에서 도대체 어떤 일이 일어난 것일까? 여전히 그는 위협과 살기가 등등했다(1절). 스데반의 죽음 이후에도(행7:58,8:1), 여전히 증오와 적의로 가득 차 있었다. 마치 포도원을 황폐시키는 야생 수퇘지처럼 교회를 파멸시켰다(행8:3;시80:13). 그 상태로 다메섹으로 도망간 제자들을 잡으러 간 것이다(2절).

놀라운 사실은 편견과 분노로 가득 찬 사울을 주님이 만나 준 것이다. 주님이 변화시키지 못할 영혼은 없다. 어느 누구라도 주님은 만나주신다. 과거에 어떤 삶을 살았어도, 그 누구라도 주님은 만나주신다.

그렇다면 예수님이 사울을 어떻게 만나주셨는가? 당연하지만 사울이 주님을 찾은 것이 아니다. 예수님이 사울을 '먼저' 찾아오셨고, 또 '직접' 찾아오셨다(창3:8). 이것이 은혜, 곧 예수님의 주권적 은혜. 그리고 주권적인 은혜는 점진적인 은혜이자 부드러운 은혜였다. 강제적이지도 억지로 밀어붙이지도 않으셨다. "사울아 사울아 네가 어찌하여 나를 박해하느냐?(4절)" 이 질문을 통해, 스스로 어리석음과 악함을 깨닫도록 그의 이성과 양심에 호소한 것이다. 결국, 자신의 교만과 자기 중심성에서 해방된 사울은 '회개와 믿음'을 가질 수 있게 되었다.

그러나 그 질문이 끝이 아니었다. 예수님은 다음 걸음을 제시하셨다. "시내에 가면 네가 행할 것을 이를 자가 있다"(6절). 다메섹의 제자, 아나니아가 등장한 것이다. 아나니아는 사울을 변화시키는 또 하나의 통로였다. 성령의 이끄심 속에, 아름다운 동역이 일어난 것이다. 그는 사울에게 안수하며 '형제'라 불렀다(17절). 형제는 곧 신뢰하는 동역자란 뜻이다.

그 순간, 두려움과 죄책감 속에 사로잡힌 사울의 마음이 녹았을 것이다. 그 후 성령이 충만히 임하자 그는 다시 보게 되었다. 아나니아는 그의 이름처럼(여호와는 은혜가 깊으시다), 사울을 깊이 섬겼다. 세례를 베풀 뿐 아니라 다메섹의 기독교인들에게 그를 소개했다. 그에게도 많은 망설임과 거리낌이 있었지만, 사울의 최초의 양육자로 우뚝 선 것이다.

하나님은 지금도 우리가 변화되기를 원하신다. 예수님을 통해, 또한 준비된 하나님의 사람을 통해 깊이 변화되기를 원하신다. 그 계획 속에서 날마다 새로워지길 소망한다.

2. 감추어진 시간 (행 9:20~31)

"그리하여 온 유대와 갈릴리와
사마리아 교회가 평안하여 든든히 서 가고
주를 경외함과 성령의 위로로 진행하여 수가 더 많아지니라" (행 9:31)

예수님과 만남은 사울의 삶을 급격히 변화시켰다(9:4). 핍박자에서 증언자로, 박해자에서 박해를 받는 자로 변화되었다. 아나니아의 철저한 순종 역시 사흘 동안 보지도, 먹지도, 마시지도 못한 사울을 회복하는 아름다운 통로가 되었다.

변화의 첫 결과는 각 회당에서 예수가 메시아임을 전하는 것이었다(20절). 다메섹의 약 400명의 유대인에게, 30개의 회당을 중점으로 복음을 전하기 시작했다. '즉시로'라는 표현은 바울의 즉각적인 결단인 동시에 이 땅을 구원하시는 다급한 하나님의 마음을 담고 있다(11절,18절). 이러한 변화는 주변의 유대인들을 놀라며(혼비백산, 21절), 당혹스럽게 했다(22절).

그 후 저자인 누가는 '여러 날이 지나매'라는 표현을 쓴다(23절). 이 기간은 정확히 알 수 없다. 그러나 그 단어의 원 의미가 '충분히 가득 채우다(were fulfilled)'라는 뜻으로 볼 때 사울이 다메섹을 떠나 아라비아 사막에서 지낸 3년을 의미한다고 본다(갈1:17~18).
이 시간이 과연 그의 의도였을까? 직전까지 열정을 다해 복음을 전했기에 이러한 걸음은 이해되지 않는다. 훗날 그의 간증처럼(22:17), 이는 '성령의 이끄심'이다. 그렇다면 왜 하나님은 그를 광야로 보내신 걸까? 3년 후 그는 유대인들의 음모를 피해 예루살렘으로 갔다(23~26절). 기생 라합이 정탐꾼을 살렸듯이 광주리에 몸을 맡겨 살아난 것이다. '정면돌파가 아닌 도망'은 이전의 사울에게는 상상할 수 없는 장면이다. 마치 주님을 만난 후 온몸이 마비되어 '사람의 손에 끌려 다메섹으로 들어간 것과 유사'하다(8절). 그는 더는 자신의 인생을 '끌어가는 자'가 아닌, '끌려가는 자'로 변화된 것이다.

예루살렘에서도 마찬가지다. 바나바의 전적인 해명과 중보가 없었다면 그의 사역은 불가능했다(26~27절). 그렇게 다시 위협에 빠지자 형제들은 그를 다소로 보낸다(30절). 그리고 무려 7년을 지내게 된다. 또다시 질문이 든다. 왜 하나님은 7년의 세월을 보내게 한 것일까? 아라비아의 3년, 다소의 7년, 바로 그의 인생에 '감추어진 시간'이다. 숨겨진 시간이며 잊혀진 시간이다. 동시에 버림받은 시간이기도 하다.

왜 그를 결정적인 순간 광야로 내몬 것일까? 가장 큰 이유는 그를 '멈추(그만)'게 한 것이다. 그의 힘, 그의 열정, 그의 전략까지도 성령님께서 막으신 것이다. 본문은 바로 그때, 이 땅의 교회가 평안하고 든든히 서 갔다고 기록한다. 인간의 노력이 아닌, '주를 경외함과 성령의 위로'로만 진행된 것이다(31절). 자신의 힘으로 안 될 때, 사울 역시 '주를 경외함과 성령의 위로'를 철저히 느꼈을 것이다. 하나님의 사람들에게 숨겨진 시간은 반드시 존재한다. 모든 것이 멈춰진 것 같은 그때, 주의 일하심을 경험할 수 있게 될 것이다.

3. 다비다야 일어나라 (행 9:32~42)

"베드로가 사람을 다 내보내고
무릎을 꿇고 기도하고 돌이켜 시체를 향하여 이르되
다비다야 일어나라 하니 그가 눈을 떠 베드로를 보고
일어나 앉는지라" (행 9:40)

사울이 다소에 감춰지고 온 교회가 부흥할 때(감추어진 시간, 행26:32), '그때에(32절)' 베드로는 사방으로 두루 다니기 시작했다. 사울의 감추심과 베드로의 드러내심이 동시에 진행된 것이다. 이것이 교회가 세워지는 원리다. 내가 멈출 때, 또 다른 누군가에 의해 움직이는 것이다. 이러한 베드로의 순방은 그가 예수님의 참 제자가 되었음을 증명한다.

룻다와 욥바를 향한 걸음은 더는 자기 뜻이 아니었다. 성령의 이끄심에 대한 선택이자 순종이었다. 주님의 예언처럼 "내 양을 먹이며 남이 띠 띄우는 곳으로 끌려가는 인생(요21:18)"이 된 것이다. 그렇다면 룻다와 욥바의 치유사건이 사울의 회심(9장)과 고넬료의 회심(10장)사이에 왜 기록되었을까? 본문의 위치가 제시하는 중요한 의미는 무엇인가?

사도행전 전체로 볼 때(1:8), 복음이 땅끝까지 전해지기 위해 반드시 돌파해야 할 과정이다. 룻다의 애니아는 8년째 침상에 누운 중풍 병자였다(33절). 중풍(παραλευμένοι:파랄렐뤼메노스)은 뇌혈관질환으로 '불구가 되었다'는 뜻이다. 놀라운 것은 애니아의 이름의 의미다. '난산'이다. 분만 중 일어나는 다양한 어려움을 뜻한다. 이름의 의미처럼, 지난 8년 동안 그는 온몸 뿐 아니라 마음 또한 만신창이가 되었을 것이다. 수많은 고통의 파편들로, 하나님을 향한 원망으로 가득 찼을 것이다. 욥바의 다비다는 여제자였다. 선행과 구제를 심히 많이 하던 자였다(36절). 그런 그가 병들어 죽게 된다.

무슨 의미인가? 아무리 주를 위해 열심을 내도 병들 수 있고 죽을 수 있다는 뜻이다. 신앙은 나의 노력에 대한 대접과 보상을 받는 것이 아니다. 이 사실에 갈등이 없어야 한다. 이것이 신앙이며, 인생이다. 끝없는 한계 앞에 무기력할 수밖에 없는 것이다. 결국, 두 사람의 인생은 '절망과 좌절의 끝자락'을 상징한다.

중요한 것은 '사건에 대한 반응'이다. 그리고 이 반응에 따라 땅끝까지 복음이 전해지는 여부가 결정된다. 베드로는 그들에게 외쳤다. "일어나 네 자리를 정돈하라(35절)", "다비다야 일어나라(40절)". 마치 예수님이 중풍 병자를 고치셨듯이, 회당장 야이로의 딸을 살리셨듯이 동일한 역사를 일으킨 것이다. 그는 짙은 어둠과 절망에서 그들을 일으킬 수 있는 유일한 방법은 예수님뿐임을 확신했다. 자신에게는 어떠한 능력도 없음을 이미 깨달은 자였다(4:10). 회복의 결과는 동일했다. 누가는 이 사실을 강조하는데 "두 사람의 회복을 통해 많은 이가 주를 믿게 된 것(35,42절;요 20:31)"이다.

삶을 지독하게 괴롭히는 문제는 무엇인가? 무엇이 우리의 인생을 좌절하게 만드는가? 베드로처럼 동일하게 외치자. "다비다야 일어나라!" 반드시 돌파가 일어날 것이다.

증인들의 고백

1. 주님이 변화시키지 못할 영혼은 없다. 어느 누구라도 주님은 만나주신다. 과거에 어떤 삶을 살았어도, 그 누구라도 주님은 만나주신다.
2. 나의 힘, 나의 전략, 나의 열정을 막으실(stop) 때가 있다. 오직 주를 경외함과 성령의 위로로 영혼들은 세워지기 때문이다.
3. 짙은 어둠과 절망에서 영혼들을 일으킬 수 있는 유일한 방법은 예수님 뿐이다.

복음 전도를 위한 묵상

1. 도저히 변화되지 못할 것으로 생각하는 영혼이 있는가?
2. 나의 인생에 감추어진 시간, 잊혀진 시간은 언제인가?

10장
땅끝을 향한 복음의 신호탄

-
-
-

1. 한계를 넘어 일하시는 하나님 (행 9:43~10:23)

"베드로가 이르되 주여 그럴 수 없나이다
속되고 깨끗하지 아니한 것을
내가 결코 먹지 아니하였나이다 한대" (행 10:14)

고넬료의 회심은 최초의 이방인 회심으로 땅끝의 복음화(1:8)를 알리는 신호탄이었다. 오순절과 사울의 회심과 함께 사도행전의 3대 사건으로 알려진 이 회심이 강조하는 바는 과연 무엇일까? 백부장 고넬료의 경건한 삶도 중요하지만, 그보다 꼭 전하고 싶었던 하나님의 의도는 무엇이었을까?

먼저는 베드로와 고넬료의 만남의 주도권을 하나님께서 전적으로 가지고 계신다는 뜻이다. 이는 복음 전도의 전적인 역사는 성령께 있다는 뜻이다. 각자가 경험한 구체적인 환상과 음성(3~6,10~13,19절;고전2:3~5)이 바로 그 증거다.

둘째는 아무리 이방인일지라도 신분과 관계없이 누구나 복음의 은총 안으로 들어올 수 있다는 사실이다. 복음의 가장 큰 특징은 보편성이다. 나를 넘어 내 원수에게도 복음이 될 수 있다는 의미다. 당시 유대인들이 경멸했던 사마리아인도, 심지어 이방인까지도 하나님은 동일하게 사랑하신다. 외모가 아닌 마음을 보시며 차별치 않으시는 분이기 때문이다 (15:9).

마지막은 이 일에 베드로를 개입하시는 하나님의 의도다. 왜 하필 베드로일까? 고넬료와 가족의 구원을 위해서만이 아닌, 베드로 자신을 위해서였다. 하나님 나라 확장에 '거침'이 되는 요소를 바로잡기 위함이다. 당시 유대인들이 가지고 있던 종교적 관습과 고정관념이 이방인의 구원을 이해하는 데에 언제나 결정적인 거침이 되었다.

환상에 대한 베드로와 하나님의 반응은 이 사건을 이해하는 데 결정적인 역할을 한다. "잡아 먹으라(13절)"는 명령과 "속되고 깨끗하지 않은 것이라 그럴 수 없다. 결코, 먹을 수 없다(14절)"라는 반응은 무려 세 번이나 반복된다. 왜 이리하셨을까? 베드로의 종교적 편견을 깨뜨리고 자유롭게 하시려는 의도가 역력하지 않은가?

그는 자기 입으로 말한 것처럼 "이방인과 교제하며 가까이하는 것은 위법(28절)"이라는 전통에 사로잡혀 있던 사람이다. 그런데 이것은 베드로뿐 아니라 모든 유대인 그리고 이방인들까지도 그리 알고 있었다. 이렇게 볼 때, 이 사건에서 고넬료와 베드로는 단순히 개인 차원이 아닌 이방인과 유대인의 대표라는 상징적 성격을 지닌다. 그리고 어쩌면 복음의 진군을 위해 성령의 이끄심에 순종해야 할 우리 역시도 마찬가지일 것이다.

복음이 주변을 넘어 땅끝까지 '담대하게, 거침없이' 전파되기 위한 가장 큰 걸림돌은 내 안의 편견(고정관념)일 것이다. 이것이 바로 나 자신의 가장 큰 '한계'다. 어느 날 갑자기 변화될 수는 없다. 이미 유대인이 경멸했던 무두장이의 집에 머물던 베드로다. 그러니 성령은 서서히 그를 변화시킨 셈이다. 복음의 진군을 가로막는 내 안의 한계는 무엇일까? 한계를 뛰어넘게 하시는 하나님을 바라보자.

증인들의 고백

1. 복음의 가장 큰 특징은 보편성이다.
나를 넘어 내 원수에게도 복음이 될 수 있다는 의미다.
2. 복음이 땅끝까지 '담대하게, 거침없이' 전파되기 위한
가장 큰 걸림돌은 내 안의 편견(고정관념)이다.

복음 전도를 위한 묵상

1. 복음 전도를 가로막는 내 안의 가장 큰 고정관념(한계)은 무엇인가?
2. 최근 지속적으로 눈과 마음에 띄는 영혼이 있는가?
그를 살리기 위해 필요한 준비는 무엇일까?

11장

안디옥교회의 탄생

-
-
-

1. 굳건한 마음으로 주와 함께 머물라 (11:19~26)

"그가 이르러 하나님의 은혜를 보고 기뻐하여
모든 사람에게 굳건한 마음으로
주와 함께 머물러 있으라 권하니" (11:23)

안디옥교회는 '동방의 여왕'이라 불렸던 아름다운 도시에 세워진 교회였다. 최초의 '다민족(헬라인, 유대인, 동양인, 로마인들)교회'로 땅끝까지 복음을 전하는 센터이자 '전초기지'였다(13장~). 무엇보다 '그리스도인'이라 칭함 받은 최초의 장소로 지상의 많은 교회가 모델로 삼고 있는 아름다운 교회다.

그렇다면 안디옥교회는 어떻게 세워졌을까? 19절은 '그때에'라는 접속사로 시작한다. 그때는 언제일까? 먼저는 베드로가 이방인 고넬료의 회심을 예루살렘 교회에 '보고한 때'이다. 보고의 핵심은 간단하다. "내가 누구이기에 하나님을 능히 막겠느냐(17절)?" 이방인을 구원하시는 하나님을 막을 수 없다는 뜻이다. 누구나 변화될 수 있음을(고후5:17), '인정한 때'를 말한다. 또한, 다른 신앙의 관점이 '무너진 때'이기도 하다(행1:6~8). 나만의 질문과 아집을 내려놓고 성령의 이끄심에 순종한 때인 것이다.

결국, 안디옥교회의 탄생에는 시간이 필요했다. 스데반의 일로 흩어진 자들 또한, 여전히 '그 때'를 인정하지 못한 자였다. 그들은 여전히 유대인에게만 복음을 전했다(19절). 그러나 놀랍게도 그중 몇 사람이 안디옥에서 '예수 그리스도(5:42-유대인 전용)'가 아닌 '주 예수(20절-헬라인 전용)'의 복음을 전한 것이다. 이들이 누구일까? 누가는 그들의 이름을 밝히지 않는다. 이들은 사도들처럼 유력하지 않았지만, 교회의 개척과 전진 과정에 결정적인 역할을 감당했다. 사도행전의 저자인 누가 역시 이들에 의해 회심했다는 전승도 있다. 결국, 주의 일은 특정한 사람이 아닌 누구라도 통로가 될 수 있음을 강조하는 것이다.

이들의 노력에 '주의 손'이 함께하자 수많은 사람이 믿고 주께로 돌아오기 시작했다(21절). 드디어 안디옥교회가 출발한 것이다. 그렇다면 시작된 안디옥교회는 어떻게 자라났을까? 물론 바나바와 바울의 가르침은 결정적이었다(25~26절). 예수님의 삶과 죽음, 부활과 통치까지 철저히 그리스도 중심의 가르침이었을 것이다. 그러나 그 이전에 교회를 든든히 세운 요소가 있었다. 가르침보다 더욱 중요한 요소가 있다. 바로 어떤 가르침도 소화할 수 있는 준비다. 배우는 자의 준비가 없다면 가르침은 무리이기 때문이다(히5:11~14). 그 요소가 무엇이었을까?

바로 위로자인 바나바의 권면이었다. "굳건한 마음으로 주와 함께 머물라(23절)" 이는 "굳센 마음으로 주님을 의지(붙어있으라)하라(표준새번역)"라는 뜻이다. 굳센 마음은 '전심'을 뜻한다. 어떤 순간이 와도 '온 정성을 다해 주님께 충성하라'라는 의미다(NIV, KJV). 바나바는 예수님 없이는 살 수 없던 자였다(24절). 위로의 원천이 바로 주님이었기 때문이다.

결국, 바나바의 권면은 교회를 지탱하는 핵심이 되었다. 나는 주님께 붙어있는가? 주님을 통해 마음에 닿는 위로를 누리고 있는가(사40:1~3)? 전심으로 주를 바라보기를 소망한다.

증인들의 고백

1. 전도자의 노력에 '주의 손'이 함께하면,
수많은 사람이 예수를 믿고 돌아올 수 있다.
2. 안디옥교회는 어떻게 자라날 수 있었을까? 바나바의 권면이 결정적이었다.
"굳센 마음으로 주님을 의지(붙어있으라)하라"

복음 전도를 위한 묵상

1. 전도를 위한 몸부림에 주의 손이 함께 하심을 느끼고 있는가?
2. 전도의 현장에서 경험하는 주님의 위로는 무엇인가요?

12장

박해를 돌파하는 기도의 능력

. . .

-
-
-

1. 상황을 역전시키는 기도 (12:1~25)

"이제 베드로는 옥에 갇혔고
교회는 그를 위하여
간절히 하나님께 기도하더라" (12:5)

안디옥교회의 탄생(11장)과 확장(13장) 사이에 누가는 12장의 한 사건을 기록한다. 1절의 '그 때'가 바로 그 시점이다. 이때는 온 유대에 큰 흉년이 들어 안디옥의 바나바와 사울을 통해 교회의 부조가 고향에 전해진 때다(11:27~30). 동시에 헤롯이 교회를 강력히 박해한 때이기도 하다(1~4절).

에돔 출신의 헤롯왕은 끈질기게 유지해 온 가문의 영광과 권력을 지키기 위해 로마정부뿐 아니라 유대인들의 민심도 살펴야 했다. 그러던 중 요한의 형제 야고보(세베대의 아들)를 칼로 죽인 것이다. 배와 그물을 다 가진 금수저로, 꽤 큰 어장을 지닌 자로 예수님을 통해 '정치적 영광'을 구했던 그가 '순교의 영광'을 얻게 된 순간이었다. 이를 통해 유대인들이 기뻐하자 헤롯은 베드로를 체포하는 악수까지 두기 시작한다.

앞서 두 차례의 투옥에도 불구하고 풀려난 베드로였기에(4:3;5:18), 헤롯은 군사 넷을 네 패로 맡겨 철저히 그를 감시했다. 사형을 앞둔 무교절 기간, 그는 지하 3층(하옥)의 감옥에서 온몸이 묶여 완전봉쇄를 당했다(6절). 세상과 교회가 강력히 대치한 순간, 벼랑 끝의 위기가 찾아온 것이다.

누가는 이 순간을 이처럼 언급한다. "베드로는 옥에 갇혔고, 교회는 그를 위하여 간절히 하나님께 기도하더라(5절)" 세상과 교회는 각자 적절한 무기를 휘두르며 대치했다. 세상은 헤롯의 권위와 검의 권세로 교회는 무력한 자들이 소유할 수 있는 유일한 능력인 기도를 붙든 것이다. 세상이 주는 '파괴적인 두려움' 앞에 하나님이 주시는 '건설적인 두려움'으로 맞선 것이다. 우리의 삶도 같다. 삶의 끝자락에서 우리가 할 수 있는 유일한 길은 '간절한 기도'다. 하나님은 이 기도에 즉각 응답하셨다. 그리고 누가는 이를 놓치지 않았다.

먼저, 주의 사자가 "홀연히(7절)" 나타났다. '홀연히'란 '갑자기(뜻밖에)'를 뜻하지 않는다. 원문의 뜻은 "보라(ἰδού:이두)"는 감탄사로 "이제부터 하나님의 일하심을 지켜보라"는 뜻이다. 하나님은 성도의 기도에 반드시 응답하시기 때문이다. 전적인 사자의 이끄심에("일어나라, 신을 신으라, 따라오라") 베드로는 감옥을 탈출한다.

놀라운 것은 베드로를 맞이한 공동체의 반응이다. 처음에 그들은 로데라는 여자아이의 말을 믿지 않았다(15절). 분명 기도했지만, 그 기도가 실제가 될 것으로 기대하지 못한 것이다. 그렇다면 누가는 이러한 불편한 진실을 왜 기록했을까?

이같이 연약한(부끄러운) 기도에도 하나님은 응답하신다는 뜻이다. 절망적일 때, 가능성이 도저히 보이지 않을 때, 하나님을 향해 즉각 엎드린다면 모든 상황이 역전될 수 있다는 의미다. 현재 삶에 찾아온 절박한 상황은 무엇인가? 간절히 기도하는 당신을 통해 하나님은 반드시 새 일을 행하실 것이다.

증인들의 고백

1. 세상이 주는 '파괴적인 두려움' 앞에
하나님이 주시는 '건설적인 두려움'으로 맞서야 한다.
삶의 끝자락에서 우리가 할 수 있는 유일한 길은 '간절한 기도'다.
2. 연약한 기도에도 하나님은 응답하신다.
절망적일 때, 가능성이 도저히 보이지 않을 때,
하나님을 향해 즉각 엎드린다면 모든 상황이 역전될 수 있다.

복음 전도를 위한 묵상

1. 사명의 자리에 찾아온 벼랑 끝의 위기는 무엇인가?
2. 세상이 주는 두려움 앞에서, 하나님 앞에 즉각 엎드리고 있는가?

13장
강력한 영적 전쟁

1. 바예수를 물리치라 (행 13:1~12)

"보라 이제 주의 손이 네 위에 있으니
네가 맹인이 되어 얼마 동안 해를 보지 못하리라 하니
즉시 안개와 어둠이 그를 덮어
인도할 사람을 두루 구하는지라" (행 13:11)

복음은 들판의 불처럼 맹렬한 속도로 이방 세계로 번져갔다. 그 중심에는 이제 막 탄생한(1년) 안디옥교회가 있었다. '주와 함께 머물며(11:23)' 복음의 전조 기치로 성장한 안디옥교회는 어떤 교회였을까? 우선 다양한 일꾼들이 함께한 교회였다(1절). 바나바와 니게르(검은)라 하는 시므온, 구레네 사람 루기오와 분봉 왕 헤롯의 젖동생 마나엔과 사울이 소개된다. 직분이 아닌 교회내의 영향력에 따라 기술된 이들은 한결같이 출신성분과 배경이 다른 자들이었다. 그만큼 서로의 차이를 인정하며 연합을 이룬 아름다운 교회였다.

또한, 금식하며 집중하여 주를 섬기(예배)는 동시에 성령의 이끄심에는 전적으로 순종하는 교회였다(2절). 가장 영향력이 있는 바나바와 아직 검증되지 못한(1절-'및 사울') 사울을 선교사로 파송하라 명하실 때 그 말씀을 전적으로 따랐기 때문이다. 이처럼 안디옥교회는 한 사람에 의해 흔들리지 않으며, 한 영혼을 세우는 일에 기꺼이 헌신한 교회였다.

바나바와 사울이 가장 먼저 도착한 곳은 구브로였다. 그 곳은 제주시의 5배에 달하는 큰 섬으로 당대 문화가 교차하는 선진 지역인 동시에 아프로디테(비너스)를 섬기며 공인된 사창제도가 있을 정도로 타락한 도시였다. 살라미를 시작으로 바보까지(동쪽~서쪽 해안,144km) 쉼 없이 달려간 그들은 그곳에서 '바예수(구원의 아들)'라는 거짓 선지자를 만난다.

그의 직업은 총독 서기오 바울이 늘 곁에 두는, 일종의 왕실 마술사였다(6절). 그러므로 그는 총독의 수하에서 거짓 예언을 하며 상당한 부와 권세를 누렸을 것이다. 그때 두 사람이 나타난 것이다. 지혜자로 묘사되는 총독이 미신과 사이비 종교에 홀려 있음에도 영적 굶주림으로 인해 바나바와 사울을 불러 말씀을 듣고자 한 것이다. 그때 그는 신변에 상당한 위협을 느꼈을 것이다(7절).

이때 강력한 '영적 전쟁'이 일어났다. 바나바와 사울을 대적하여 총독으로 '믿지 못하게' 힘을 쓴 것이다. 이때 사울은 성령 충만으로 그를 바라보았다. 그리고 주의 손으로 그의 눈을 어둡게 함으로 제압하였다(8~11절). 성령이 마귀를 타도하고, 사도가 마술사를 제압하며, 복음이 마술을 누르고 승리하는 극적인 능력대결이 진행된 것이다.

첫 번째 사건은 늘 대표성을 띤다. 구브루의 영적 전쟁은 복음이 전파되는 곳에 반드시 사탄의 방해가 있음을 알려준다. 그리고 이 숙명적인 전투는 오늘도 계속되고 있다(창3:15). 사탄은 간계로 지금도 우리를 쓰러뜨리려 한다(엡6:11, 벧전5:8~9). 이 시대의 수많은 거짓 구원자인 '바예수'가 도처를 잠식하고 있다. 현재 내 삶에 밀착하여 우리를 괴롭히는 바예수는 무엇인가? 혹은 누구인가? 성령으로 담대히 바예수를 마주하자. 그리고 무엇보다 예수의 이름으로 바예수를 물리칠 수 있기를 소망한다.

증인들의 고백

1. 구브루의 영적 전쟁은 복음이 전파되는 곳에 반드시 사탄의 방해가 있음을 알려준다.
그리고 이 숙명적인 전투는 오늘도 계속되고 있다.
2. 거짓 구원자인 '바예수'가 도처를 잠식하고 있다.
성령으로 담대히 바예수를 마주해야 한다.

복음전도를 위한 묵상

1. 전도의 현장에서 겪고 있는 반복적인 영적 전투는 무엇인가?
2. 도처에 잠식하고 있는 이 시대의 '바예수(거짓구원자)'는 무엇이라고 생각하는가?

14장

환난을 이기는 사람들

-
-
-

1. 많은 환난을 겪을 때 (행 14:8~28)

"제자들의 마음을 굳게 하여
이 믿음에 머물러 있으라 권하고
또 우리가 하나님의 나라에 들어가려면
많은 환난을 겪어야 할 것이라 하고" (행 14:22)

 1차 전도여행(구브로, 비시디아안디옥, 이고니온, 루스드라와 더베)을 마친 바울의 소감은 어떨까? 그가 도시를 재차 방문하여 남긴 고백이 있다. "하나님의 나라에 들어가려면 많은 환난을 겪어야 한다(22절)." 천국에 들어가기 위해, 또한 이 땅에서 천국을 누리기 위해 '많은 환난을 겪어야 한다.'는 뜻이다. 여기서 '환난'이란 단어는 '뜰립시스(θλῖψις)'인데, 알곡에서 겨(쭉정이)를 분리하는 고대의 탈곡기에서 유래된 말이다. 즉 이 땅에서도 '하늘의 것'을 구하고 천국을 누리려면 '영적인 탈곡기'를 거쳐야만 한다는 뜻이다(롬8:18;골3:1~2;잠3:35).

 그래서 환난은 아버지가 자녀에게 허락하시는 '사랑의 징계(잠3:11,히12:5)'와 같다. 그렇다면 루스드라의 바나바와 바울에게는 어떤 환난이 있었을까? 루스드라는 회당(13:14;14:1)이 전혀 없는 순수 이방지역이었다. 결국, 그곳은 유대인의 흔적이 전혀 없는 최초의 이방 회심 지역이 된 셈이다. 나면서부터 걷지 못한 자가 일어서는 '표적(8~10절)'과 '자연계시(15~17절)'를 통한 복음전파는 탁월한 접근법이었고, 그 지역 사람들이 두 사람을 신으로 모실 정도로 열광하게 했다(11~13절).

그러나 원정 방해를 온 유대인들에 의해 이들의 마음은 순식간에 바뀌었다. 조금 전까지 열광한 자들이 돌을 들어 바울을 치기 시작한 것이다(19절). 이고니온에서는 바울을 돌로 치려고 음모를 꾸몄지만(5절), 여기 루스드라에서는 실제로 돌에 맞게 한 것이다. 그것은 사법상의 처형이 아니라 사형(死刑)이었다. 돌 세례를 받을 때 바울은 스데반을 기억했을까? 후에 그가 '돌로 맞은 것이 한 번이요(고후11:25)'라고 말한 것은 바로 이때를 가리킨 것이다.

그렇다면 두 사도는 이토록 많은 환난을 어떻게 견디었을까? 살펴보니, 한 가지 두드러진 점을 발견할 수 있었다. 바로 복음에 따라 '움직이는 삶'이다. 환난이 찾아올 때, 그들은 구브로에서 비시디아 안디옥으로, 안디옥에서 이고니온으로, 이고니온에서 루스드라와 더베로 '이동'하였다(13~14장). 이는 정착하지 말고 움직이란 뜻이 아니다. 이동의 전제는 '순종'이다. 순종은 하나님의 이끄심에 언제든 따르겠다는 '복종'의 태도를 의미한다. 순종의 걸음은 언제나 그들을 살렸다(잠16:9,25). 그러나 그 걸음은 마음만으로는 따라갈 수 없다.

놀랍게도 지속적인 순종을 가능케 한 열쇠가 있다. 바로 쓰러진 바울을 단번에 일으키시는 '부활의 능력'이다(20절). 그는 돌에 맞아 거반 죽게 되었다. 유대인들은 그가 죽은 줄 알고 성 밖으로 버렸지만, 예수님은 부활의 능력으로 그를 일으켜 주셨다(고후4:9). 완전히 죽은 자와 같았지만, 아무 일도 없었다는 듯이 단번에 회복시켜 준 것이다. 이어진 더베와 도시를 재방문할 수 있게 한 비밀이 바로 여기에 있다.

여러 환난으로 쓰러져 있는가? 몸과 마음이 지쳐 있는가? 바울을 일으

커주신 부활의 능력을 바라보자. 다시 일으키시는 부활의 능력으로 복음의 순종이 반드시 나타날 것이다.

증인들의 고백

1. 이 땅에서도 하늘의 것을 구하고 천국을 누리려면 '영적인 탈곡기'를 거쳐야만 한다.
2. 복음에 대한 지속적인 순종을 가능케 한 열쇠는 바로 쓰러진 바울을 단번에 일으키시는 부활의 능력이다.

복음 전도를 위한 묵상

1. 하나님 나라를 위해 겪고 있는 환난은 무엇인가?
2. 복음에 따라 순종해야 할 때, 가장 먼저 만나야 할 영혼은 누구인가?

15장
쉬지 않는 하나님의 열심

. . .

-
-
-

1. 다윗의 무너진 장막을 일으키라 (15:1~21)

"이후에 내가 돌아와서

다윗의 무너진 장막을 다시 지으며

또 허물어진 것을

다시 지어 일으키리니" (15:16)

예루살렘 회의는 사도들의 첫 번째 공식회의였다(15장). 1차 전도여행 후 제약 없이 복음이 확장되기 위해 반드시 해결할 문제와 다툼이 있었다. 교회는 이 문제를 지혜롭게 극복했고, 결국 15장 후에는 곧바로 세계 선교를 향한 발돋움을 시작했다. 그렇다면 사도들의 공식회의에서 다뤄진 이 문제는 무엇이었을까? 바로 '구원을 얻는 조건'이다.

안디옥교회에 갑자기 등장한 어떤 사람들(1절)은 '할례와 율법 준수'가 구원의 참 조건임을 가르친 바리새파요(5절), 율법에 열성을 지닌 유대주의자였다(21:20). 그들은 수많은 이방인 회심자들을 향해 할례와 모세의 율법을 지키라 명했다. 오직 예수님을 믿는 믿음만이 구원과 교회의 근거라는 진리를 인정하지 못한 것이다. 물론 그들의 편견, 이론, 관습, 그리고 이와 연관된 신앙 감정을 하루아침에 버리고 철저히 무시해왔던 이방인과 하나 되는 일은 쉬운 일이 아니었다.

그러다 보니 하나님의 구속역사가 숨 가쁘게 펼쳐지던 과도기에 결국 일이 터진 것이다. 그러나 그들의 다툼은 곧 '잠잠해' 졌다. 베드로를 비롯한 바나바와 바울이 격분하며 진리를 선포했기 때문이다(2,7~12절). 결국, 잘못된 '인간의 멍에'가 '주 예수의 은혜'를 막을 수 없었다. 그리고 마지막 변론을 맡은 야고보가 회의의 정점을 찍었다. 아모스 선지자의 말씀(16~17절, 암9:11~12)으로 '새로운 교회'의 명확한 기준을 제시한 것이다.

거침없이 전진할 교회, 살리는 교회의 기준은 무엇일까? 먼저는 다윗의 무너진 장막을 다시 지어 허물어진 것을 일으키는 '예배하는 교회(16절)'다. 위로부터 내려오는 자연의 순리대로, 교회는 위로부터 생명이 흘러와야 한다. 그 생명을 받는 시간이 바로 예배다. 하나님이 잊지 못한 시간이 있다. 바로 다윗의 장막이다. 다윗의 끝없는 갈망과 열정은 그와 온 민족을 살리는 뿌리였다. 물질중독, 우울증 급증, 폭주하는 음란물은 시대의 심각성을 보여준다. 왜 이리 병든 것일까? 내면의 영적 갈함이 채워지지 않았기 때문이다(암8:11~12;잠8:17;계2:4). 그 영적 갈함은 오직 하나님만이 채울 수 있다. 예배를 통해 함께하시는 하나님의 임재만이 고칠 수 있는 것이다.

초대교회의 예배형식 중 하나인 '잠긴 동산(enclosed garden)'이 바로 그 실례가 된다. 잠긴동산은 말 그대로 이미 예수를 믿은 자만 참여할 수 있는 예배, 즉 닫힌 예배를 뜻한다. 이유는 예배의 처소를 외부에 공개하지 못하고 철저히 비밀에 붙여야 했던 당시의 특수성과 함께 철저히 그리스도에게만 집중하는 예배를 드려야 했기 때문이다. 이 과정을 통해 초대교회 성도들은 강력한 회복을 누렸고 복음의 능력을 경험하기 시작했다. 곧 주님께만 집중했던 그들의 예배가 초대교회 부흥의 결정적인 원인이 된 셈이다.

둘째는 모든 이방인으로 주를 찾게 하는 '전도하는 교회'다(17절). 이는 하나님께 돌아오는 이방인들을 괴롭게 하지 말라는 의미다(19절). 물론 유대 신자들이 할례를 포기하는 만큼 이방 신자들 역시 포기해야 할 잘못된 관습이 있었다(20절). 그런데도 그들을 괴롭게 하지 않는 원리는 무엇일까? 다윗통치의 성취자인 예수님의 통치법을 따르라는 것이다. 이는 이방인 집권자와 같은 '지배'가 아닌 '희생과 섬김'의 길을 따르라는 뜻이다. 만약 그 길을 따를 수만 있다면 어떤 영혼도 하나님의 가족으로 거듭나게 될 것이다.

지금 우리는 어떠한 교회로 성장해야 할까? 야고보의 외침을 기억하자. 다윗의 무너진 장막을 일으키며, 주님처럼 섬길 수 있는 전도자가 되기를 소망한다.

2. 심히 다투어 갈라설지라도 (행 15:36~41)

"서로 심히 다투어 피차 갈라서니
바나바는 마가를 데리고
배 타고 구브로로 가고" (행 15:39)

2차 전도여행을 앞둔 안디옥교회에 큰 사건이 터졌다. 세기의 다툼이 일어난 것이다. 누가가 이 다툼을 성경에 기록한 것도 놀랍지만, 다툼의 대상이 더욱 놀랍다. 그 주인공은 다름 아닌 '바나바와 바울'이다. 이 둘은 왜 심히 다투었을까(39절)?

다툼의 이유는 '마가 요한'의 동행 여부였다(37절). 1차 전도여행 시 밤

빌리아(타우루스 산맥)에서 집으로 돌아간 마가와의 동행을 요구한 바나바와 동행을 반대한 바울이 충돌한 것이다. '사람 중심(존중)'의 바나바와 '일 중심(효율)'의 바울이 강력히 부딪힌 것이다(38절). 이때 교회는 누구의 편을 들어주었을까? 바나바는 마가와 구브로로, 바울은 실라와 수리아로 떠났다. 이때 형제들에게 파송을 받은 것은 바울과 실라였다. 결국, 교회와 역사는 바울의 편을 들어준 셈이다.

이때부터 바울은 역사의 전면에 나선다. 그리고 바나바는 더는 등장하지 않는다. 그렇다면 바울은 옳고 바나바는 잘못된 것일까? 그렇지 않다. 하나님은 분명히 '우울한 불화'를 주관하셨다(by Calvin). 이 결과로 한 쌍이 아닌 두 쌍의 전도팀이 만들어진 것이다. 놀라운 하나님의 섭리다. 물론 이 섭리가 다툼을 정당화하는 구실이 될 수 없지만, 다툼 너머의 놀라운 비밀이 숨어 있던 것이다. 그 비밀이 무엇이었을까?

유대교의 울타리를 넘어, 인종과 종족을 초월하여 일하시는 '하나님의 열심'이다. 인간의 심각한 다툼과 갈등(실수와 절망)에도 하나님은 여전히 일하시고 있던 것이다. 바울과 실라는 둘 다 유대 출신인 동시에 '로마사람'이었다(16:37). 이는 두 사람의 거침없는 복음전파를 가능케 하는 밑거름이었다. 누구의 계획일까? 아름다운 팀워크를 이뤄가시는 하나님의 솜씨였다(롬11:29). 심히 다투어 떠난 마가 역시 훗날 바울의 인정을 받게 된다. 감옥에 있던 바울의 위로가 된 것이다(골4:10~11). 바울은 또한 죽기 전 자신의 일에 유익한 마가를 부르기도 했다(딤후4:11). 연약한 마가가 어떻게 변화된 것일까? 하나님의 나라의 진정한 '위로와 유익'으로 변화된 것은 전적인 바나바의 역할 때문일 것이다. 성경에 더는 등장하지는 않지만, 바나바는 함께 한 마가에게 남은 모든 인생을 집중했을 것이다.

수많은 인생의 굴곡에도 하나님은 하나님의 일을 결코 쉬지 않으셨다. 이것이 누가가 '지우고 싶은' 이 사건을 성경에 '당당히' 기록한 이유다. 하나님은 인간의 연약함과 상관없이 일하시기 때문이다. '쉬지 않으시는 하나님', 이것이 '새로운 복음'이다. 모든 것을 합력하여 선을 이루시는 하나님은(롬8:28), 우리의 앉고 일어섬을 아시고 멀리서도 내 생각을 밝히 아시는 분이다(시139:1~2). 혹여나 멈춰선 시간을 보내고 있는가? 갈등과 충돌을 피할 수 없는가? 우리의 모든 길을 아시는 그분께 모든 것을 맡기자. 우리의 계획을 넘어 놀라운 역사를 이루실 것이다.

증인들의 고백

1. 교회는 위로부터 생명이 흘러와야 한다. 그 시간이 바로 예배다.
초대교회의 '잠긴동산(enclosed garden)'이 바로 그 실례다.
2. 하나님은 인간의 연약함과 상관없이 일하신다.
'쉬지 않으시는 하나님', 이것이 '새로운 복음'이다.

복음 전도를 위한 묵상

1. 예배를 통해 생명을 누리는 일에 얼마나 집중하고 있는가?
2. 나의 연약함과 실수를 뛰어넘는 하나님의 열심을 경험하고 있는가?

16장
성령의 고상한 방해

-
-
-

1. 디모데라 하는 제자가 있으니 (행 16:1~5)

"바울이 더베와 루스드라에도 이르매
거기 디모데라 하는 제자가 있으니
그 어머니는 믿는 유대 여자요
아버지는 헬라인이라" (행 16:1)

바울과 실라는 수리아를 시작으로 2차 전도여행을 시작했다(15:41). 수리아에서 길리기아로 가기 위해서는 반드시 험산 준령의 아마누스 산맥을 넘어야 했다. 야망을 위해 아마누스 산맥을 넘었던 때와 달리 주님의 섭리에 자신을 맡긴 그 걸음은 새로운 미래로 진입하는 행진이었다.

여러 가정교회를 세우며 도착한 더베와 루스드라 역시 철저한 순종의 걸음이었다(1절). 고향인 다소를 지척에 둔 더베'도', 돌에 맞아 거반 죽게 된 루스드라'도' 철저히 계획된 장소였다(1절).

모함과 선동으로 자신을 피투성이로 만든 루스드라에도 그는 담대히 나아갔다. 왜일까? 주님의 부르심에 순종하는 바울의 소명의식이 현실의 위협보다 컸기 때문이다. 놀랍게도 그곳에서 바울은 자신의 평생의 동역자인 한 사람을 만난다. '사랑하는 아들(딤후1:2)'이라 부르는 '디모데'다. 새로운 한 사람의 등장은 언제나 암울한 세상의 빛이었다. 출애굽과 광야의 시간을 이끈 모세도, 약속의 땅을 점령한 여호수아도, 무너진 성벽과 성전을 세운 느헤미야와 스룹바벨도 마찬가지다. 언제나 하나님은 '준비된 한 사람'을 통해 일하신다.

성경은 이런 디모데를 '제자'라 소개한다. 제자는 '예수님의 삶을 신실하게 따라가는 자(마4:19)'를 뜻한다. 또한 "그 어머니는 믿는 유대 여자요 아버지는 헬라인이라(1절)" 언급한다. 믿는 유대 여자인이란 기독교 신앙을 뜻한다. 동시에 아버지가 헬라인으로 그는 혼혈인(다문화)이었다. 그럼에도 모친 유니게와 외조모 로이스의 신앙을 물려받은 자로 자란 것이다(딤후1:5). 동시에 그는 "루스드라와 이고니온에 있는 형제들에게 칭찬받는 자"였다(2절). 루스드라와 이고니온은 최소 20km 이상 떨어진 곳이다. 그럼에도 동료 그리스도인들로부터 폭넓은 칭찬(인정)을 받았던 것이다. 바울의 예리한 눈은 이미 귀한 신앙과 탁월한 평판을 지닌 디모데를 간과하지 않았고 그를 전도 여행의 동역자로 함께 세우기 시작했다.

그렇다면 디모데는 어떻게 이런 제자로 세워졌을까? 당시 로마도 수많은 정치인과 재벌, 탤런트를 비롯한 유명인사들이 즐비했다. 사실 루스드라는 로마제국 내의 변방으로 아주 작은 시골이었다. 그러니 작은 시골의 18살 청년을 누구도 주목하지 않았다. 그러나 하나님은 그를 주목한 것이다. 왜였을까? 디모데는 루스드라의 소동 때 돌에 맞아 쓰러진 바울을 이미 보았을 것이다. 그리고 다시 일어나 주님의 영광 아래 사명을 따라가는 모습을 보았을 것이다.

그때, 그는 확신했을 것이다. 아무리 무명이어도, 아무리 보잘것없어도, 주님의 부르심을 따라가는 사명자의 삶이 얼마나 위대한지를 몸소 깨달은 것이다. 허락하신 사명을 따라가고 있는가? 하나님이 주목하고 계심을 기억하자. 그 길에 선 자에게 하나님의 인정과 칭찬이 있음을 잊지 말자. 주 안에서 빛이 되어(엡5:8), 제자로 세워지기를 소망한다.

2. 빌립보 교회의 탄생 (행 16:6~15)

"두아디라 시에 있는 자색 옷감장사로서
하나님을 섬기는 루디아라 하는 한 여자가
말을 듣고 있을 때 주께서 그 마음을 열어
바울의 말을 따르게 하신지라" (행 16:14)

예수님이 머리 되신 교회는 이 땅을 살리며 충만하게 하는 통로다(엡 1:22~23). 예수님과 함께하는 지체들을 음부의 권세가 결코 꺾을 수 없기 때문이다(마16:18). 교회의 탄생으로 시작된 사도행전은(행2) 지속적인 교회의 출산을 거듭했고 유럽의 첫 번째 교회인 빌립보 교회의 탄생까지 이르렀다(16장).

아시아가 아닌 마게도냐의 빌립보는 누구도 예상치 못한 장소였다. 사람의 계획이 아닌, 전적인 하나님의 의지였음을 보여준다(잠19:21). 이것이 빌립보 교회 '탄생의 비밀'이다. 그렇다면 그 탄생의 과정은 어떠했을까?

첫째, 성령의 치밀한 방해가 있었다. 왜 성령은 바울 일행을 방해했을까? 그들의 계획이 하나님의 뜻과 배치되었기 때문이다. 지속적인 성령의 고상한 방해 아래 익숙했던 아시아에서의 행진(브루기아와 갈라디아, 비두니아 등)은 더는 지속하지 못했다. 결국, 성령은 드로아에서의 환상(마게도냐인의 요청)을 통해 전도지를 변경시켰다(6~10절). 다행인 것은 바울이 성령의 이끄심을 '인정(연합)'한 것이다.

둘째, 기도로 준비했다. 낯선 곳에서 그들이 할 수 있는 사역은 아무것도 없었다. 안식일에 기도할 곳을 찾기 전에도 수일을 머물 때도 그들은 이미 기도했을 것이다(12~13절). 무엇을 두고 기도했을까? 물론 성령의 지속적인 인도하심을 구했을 것이다(고전2:10~11;요16:13). 또한, 주님이 가르쳐 주신대로 하늘의 뜻이 빌립보 성에 이루어지기를 간구했을 것이다(눅11:2).

그때 하나님은 놀라운 일을 행하셨다. 준비된 하나님의 사람을 만나게 한 것이다. 새로운 동역자의 만남, 이것이 교회를 탄생케 한 마지막 비밀이다. 그는 두아디라 시에 본거지를 둔 자색 옷감 장사 '루디아'라는 여인이었다.

값비싼 자색염료를 판매했던 그녀는 하나님을 섬기는 자였다. 비록 이방인이었지만 유대교로 회심한 상태였다. 홀로 하나님을 예배하는 일은 절대 쉽지 않았다. 만만치 않은 공격이 있었을 것이다. 그럼에도 중심을 지키던 그녀가 바울의 일행을 만난 것이다. 놀랍게도 강가에 모인 여인 중 한 사람이 유일하게 반응한 것이다.

복음을 듣고 마음을 연 그녀는 우기듯이(강권하여) 바울의 일행을 집으로 초대했다. '남성 4명'을 한 여인이 집으로 초대하는 일은 결코 쉬운 일이 아니었다. 그러나 곧 놀라운 일이 벌어졌다. 그녀와 온 집이 다 세례를 받은 것이다. 그리고 잠시 후 그곳은 빌립보 선교의 거점이 된다(15절). 한 가정을 중심으로 유럽의 첫 번째 교회가 시작된 셈이다. 그리고 열방을 위한 하나님의 도구로 쓰임 받기 시작한다. 한 가정을 시작으로 유럽은 최초의 기독교 대륙이 된다. 그 후 아프리카를 시작으로 오세아니아까지 복음은 강력히 퍼져갔다.

교회의 탄생은 우리의 사명이다. 빌립보 교회를 탄생케 한 하나님의 열심을 기대하자. 성령의 고상한 방해가 나의 삶에도 일어나기를 소망하자!

3. 한밤중에 울려 퍼진 찬송 (행 16:16~34)

"한밤중에 바울과 실라가 기도하고 하나님을 찬송하매
죄수들이 듣더라" (행 16:25)

교회의 출발은 참으로 신비롭다. 리틀로마로 불리던 유럽의 빌립보가 그 주인공이다. 성령의 이끄심(방해)과 전적인 기도, 준비된 사람과의 만남은 출발을 가능케 한 비밀이었다. 그러나 출발한 모든 교회가 건강히 세워지는 것은 아니다. 교회의 '출발과 세워짐'은 또 다른 차원이기 때문이다. 그런 면에서 빌립보 교회는 출발과 함께 든든히 세워진 교회였다.

니케아신조(A.D.325)의 '보편성(다름)과 단일성(일치)'의 모델이 된 빌립보 교회의 구성이 매우 놀랍다. 초기 멤버인 루디아, 점치던 여종, 로마의 간수장은 출신과 계급을 떠나 삶의 수준이 전혀 맞지 않던 자들이다. 그러나 그들이 교회의 머리 되신 예수님께 붙어있자 '함께 지체가 되고 서로 일으키기' 시작했다. 그리고 '약속에 참여'하는 동역자로 변화된 것이다(엡2:6,3:6). 어떻게 이 일이 가능했을까? 바울과 실라를 통해 교회가 세워지는 '결정적인 계기'가 있었기 때문이다.

두 사람은 기도처로 가던 중 '점치는 여종 하나'를 만난다(16절). 가련한 여종의 상태와 부적절한 언사로 사역을 방해하는 악한 영으로 인해 바울은 심히 괴로워했다. 결국, 바울은 악한 영을 내쫓고 여종을 종의 신분에서 해방시켜 주었다(17~18절). 그 일이 화근이 되었다. 여종의 악한 영도 '나갔지만(즉시 나오니라)', 주인의 소망도 동시에 '나갔기(끊어졌기)' 때문이다. 교회의 관심은 한 영혼의 회복이다. 그러나 세상의 관심은 오로지 자기 수익이었다. 그래서 주인들은 분노했다. 여종의 주인들은 아주 교묘하게 분노의 진짜 이유(경제적인 것)를 숨기고 장터의 관리들과 상관들, 수많은 무리까지도 두 사람을 멸시하고 고발하게 만들었다(19~22절).

한 영혼을 살렸을 뿐인데 '심한' 매질에 '깊은' 감옥, '든든한' 발의 차꼬까지 삼중고가 주어진 것이다(24절). 빌립보 교회의 최대위기였다. 그러나 이 순간 두 사람은 놀라운 반응을 보인다. 등이 찢어져 피가 나고 팔과 다리의 아픈 고통 속에서 '한밤중에 기도하며 하나님을 찬송한 것'이다. 신음이 아니었다. 사람들을 향한 저주가 아닌 하나님을 향한 찬미였다(25절).

그들의 기도가 '주님께 붙어있기 위한 최대한의 노력(input)'이었다면, 찬송은 주님으로부터 흘러온 '생명이 표출되는 결과(output)'였다. 그 후 갑작스러운 지진, 간수장과 온 집안의 회심은 복음이 흘러간 결과였다(34절). 그리스도인의 삶에는 반드시 '한밤중'이 찾아온다. 숙명이다. 복음의 합당한 삶에는 고난이 따르기 때문이다(빌1:29).

중요한 것은 '우리의 반응'이다. 내 영혼이, 또는 육체와 환경이 깊은 감옥에 갇힌 것처럼 느껴지는 순간이 있다. 그때 기도로 반응하자. 하나님을 향한 찬송이 울려 퍼질 것이다.

증인들의 고백

1. 기도로 준비 할 때 하나님은 놀라운 일을 행하셨다. 준비된 하나님의 사람을 만나게한 것이다. 새로운 동역자의 만남, 이것이 빌립보 교회를 탄생케 한 마지막 비밀이다.
2. 기도가 '주님께 붙어있기 위한 최대한의 노력(input)'이었다면, 찬송은 주님께로부터 흘러온 '생명이 표출되는 결과(output)'였다.
3. 그리스도인의 삶에는 반드시 '한밤중'이 찾아온다.
복음의 합당한 삶에는 고난이 따라오기 때문이다(빌 1:29).

복음 전도를 위한 묵상

1. 전도의 현장에서 성령의 고상한 방해를 경험한 적이 있는가?
2. 복음에 합당한 생활을 하고 있는가? 그에 따른 고난은 무엇인가?

17장
아레오바고의 전투를 준비하라

-
-
-

1. 더 너그러운 사람들 (행 17:1~15)

"베뢰아에 있는 사람들은
데살로니가에 있는 사람들보다 더 너그러워서
간절한 마음으로 말씀을 받고 이것이 그러한가 하여
날마다 성경을 상고하므로" (행 17:11)

빌립보 교회의 탄생은 바울의 선교전략의 분수령이었다. 유럽에서의 복음의 시작이었고, 유럽을 전도할 수 있는 광대한 선교의 문이 열린 것이었다. 거센 방해가 있었지만, 그들은 깊은 옥, 한밤중에도 기도와 찬송으로 반응했다. 흑암이 깊을수록 믿음이 깊어진 것이다. 그리고 로마의 주요 도로인 '비아 에그나티아'를 따라 150km 떨어진 데살로니가로 향했다.

마게도냐의 수도이자 가장 큰 성읍인 데살로니가는 유대인 외에도 수많은 인종이 도시를 형성하고 있었다. '3주'에 걸쳐 쉼 없이 전한 복음의 핵심은 '말씀(구약)과 그리스도'였다(1~3절). 적지 않은 무리가 예수를 따랐지만, 유대인들은 '시기'한 나머지 불량배를 동원해 바울의 전도팀을 죽이려 했다. 바울은 동족인 유대인을 늘 사랑했지만, 그들은 가시와 같이 반응한 것이다(5~9절). 이어서 복음을 전한 베뢰아는 대도시인 데살로니가와 무려 100km가 떨어진 외딴 시골이었다. 긴급히 피신한 곳이었지만 놀라운 일이 벌어졌다. 베뢰아의 백성들이 "간절한 마음으로 말씀을 받아 날마다 성경을 상고하기 시작한 것"이다(11절).

기적이었다. 직전에 경험한 데살로니가와는 상반된 분위기였다. 이유가 무엇이었을까? 누가는 "베뢰아 사람들이 데살로니가 사람들보다 더 너그러웠기 때문"이라고 밝힌다. '너그럽다(신사적)'라는 뜻은 '마음이 넓다'라는 의미인 동시에 '편견(선입관)'이 없었다는 의미다. 결국, 베뢰아 사람들은 편견 없이 복음을 받아들인 것이다. 그러자 말씀을 '삶의 최우선순위(간절한 마음)'에 두며, 심지어 날마다 말씀을 '상고(씨 뿌림과 계시)'하기 시작했다. 결국, 두 도시의 상반된 전도의 결과는 복음을 받아들이는 '마음(수용성)의 차이'에서 기인한 것이다.

말씀은 필요한 영적 양식이다(암8:11). 오늘도 말씀을 '사랑하며 열매 맺고 하늘이 열리는(계시,마18:18)' 역사를 얼마든지 체험할 수 있다. 중요한 것은 말씀을 수용하는 나의 태도다. 훗날 바울은 데살로니가 사람들의 마음을 방해한 요인이 '사탄'이었음을 밝힌다(살전2:18). 씨는 어디든 동일하게 뿌려진다. 문제는 씨가 뿌려진 토양의 상태다. 길가, 돌밭, 가시떨기, 좋은 땅은 마음의 유형을 뜻한다. 내 안의 커다란 돌덩이(상처)와 가시떨기 같은 잡초(세상염려와 욕심)도 문제지만, 사탄은 건조한 길가에 떨어진 말씀을 늘 빼앗아 간다.

그렇다면 어떻게 해야 고장 난 마음이 변화될 수 있을까? 잠언 기자는 분명히 언급한다. "여호와는 마음을 감찰하신다. 그리고 왕의 마음도 여호와의 손에 있다(잠21:1~2)" 이는 나의 마음(고집, 시기, 불안)보다 하나님의 마음(열심, 자비, 평안)이 강하다는 의미다. 고장 난 나의 마음이 여호와의 손길 안에서 얼마든지 변화될 수 있다는 의미다. 잘 안 믿기겠지만, 우리는 이 사실을 '믿어'야만 한다. 새로워진 우리의 마음에 베뢰아의 기적처럼, 아름다운 복음의 열매가 피어나기를 소망한다.

2. 아레오바고의 전투 (행 17:16~31)

"바울이 아레오바고 가운데 서서 말하되
아덴 사람들아 너희를 보니
범사에 종교심이 많도다" (행 17:22)

아덴의 바울은 혼자였다. 베뢰아까지 좇아온 유대인들의 방해로 급히 아덴(아테네)으로 피신했기 때문이다. 실라와 디모데를 기다리며(15절), 세계의 문화적 수도에 홀로 있는 바울은 과연 어떻게 반응했을까? 비기독교적 이데올로기와 종교, 미학적으로는 멋지고, 세련될지는 몰라도 도덕적으로는 퇴폐적이고 영적으로는 기만당해 죽어있는 도시에서, 놀랍게도 그는 날마다 만나는 사람들과 변론하기 시작했다(17절).

변론의 뜻은 단순한 논쟁이 아니다. 누군가를 '대신하여 싸운(대변)다.'라는 의미다. 결국, 바울은 아덴에서 하나님을 대신하여 싸우기 시작한 것이다. 회당과 장터의 변론은 소문이 났고, 철저한 쾌락과 금욕에 사로잡힌 에피쿠로스와 스토아 철학자들은 바울을 붙들어 '아레오바고(전쟁의 언덕)'로 끌고 간다. 그 유명한 아덴의 아레오바고의 전투(변론)가 시작된 것이다.

이 모습은 오늘의 아덴을 살아가는, 혹은 그런 도시와 영혼을 마주하는 그리스도의 모습을 대변한다. 철저한 쾌락과 새로운 지식에 중독된 영혼들과의 변론에서 어떻게 승리할 수 있을까? 아덴에서의 바울의 반응은 세 가지로 나뉜다. '보고, 느끼고, 말한 것'이다.

먼저 바울은 그 성에 우상이 가득한 것을 보았다(16절). 바울의 눈에 먼저 들어온 것은 도시의 아름다운 건축과 지혜의 호화로움이 아니었다. 도시에 가득 찬 우상이었다. 당시 아테네는 사람보다 신을 발견하기가 더 쉬울 정도였다. 파르테논 신전의 아테네 여신상을 비롯하여 비너스, 머큐리, 바카스 등 아름다운 조각들은 하나님의 영광을 전혀 드러내지 못하고 있었다. 바울이 먼저 본 것은 우상들에 잠긴 한 도시일 뿐이었다.

그다음 바울은 '마음의 격분'을 느꼈다(16절). 격분($\pi\alpha\rho\omega\xi\upsilon\nu\omega$:파록쉬노)은 단순한 분노가 아니다. 70인 역(구약의 헬라어 번역본)에서부터 쓰여진 이 단어는 '질투심'을 뜻한다. 이스라엘이 수많은 금송아지와 우상 앞에 절할 때, 하나님은 언제나 질투하셨다. 바울이 홀로 선 도시에서도 변론할 수 있었던 힘은 지상명령에 대한 순종도 영혼을 향한 사랑도 아니었다. 그를 움직였던 가장 고귀한 동기는 하나님의 영광을 위한 열심과 질투였다. 하나님의 올바른 위치가 사람들에게 부인당할 때 그는 내적으로 상처를 받고 질투하기 시작한 것이다. 결국, 이 두 가지 반응이 아레오바고의 전투를 감당케 한 동기였다.

"만유의 창조주 하나님, 만유를 붙드시는 하나님, 만유의 심판자이신 하나님(24~31절)"을 강력히 변론하는 힘, 선포하는 힘이 어디서 왔는가? 바울이 보고 느꼈기 때문이다.

바울이 보고 느낀 것을 우리 또한 언젠가는 함께 경험해야 한다. 이 땅을 강력한 흑암에서 사랑의 아들의 나라로 건져내시는 하나님의 마음이(골1:13), 나에게도 반드시 흘러올 수 있기를 기대하자.

증인들의 고백

1. 씨는 어디든 동일하게 뿌려진다. 문제는 씨가 뿌려진 토양의 상태다. 결국, 두 도시의 상반된 전도의 결과는 복음을 받아들이는 '마음(수용성)의 차이'에서 기인한 것이다.
2. 바울이 아레오바고의 전투를 감당할 수 있었던 힘은 지상명령에 대한 순종도 영혼을 향한 사랑도 아니었다. 그를 움직였던 가장 고귀한 동기는 하나님의 영광을 위한 열심과 질투였다.

복음 전도를 위한 묵상

1. 전도는 받아들이는 이의 마음의 상태가 매우 중요합니다. 복음을 전하고 싶은 피전도자의 마음의 상태는 어떠한가요?
2. 이 시대의 강력한 우상들을 마주하고 있습니다. 내 마음을 가장 격분시키는 우상은 무엇인가요?

18장
새로운 출발을 위해

...

-
-
-

1. 고린도 정복을 위한 만남 (행 18:1~11)

"밤에 주께서 환상 가운데 바울에게 말씀하시되
두려워하지 말며 침묵하지 말고 말하라" (행 18:9)

고린도는 아가야의 수도로 '많은 돈과 우상, 음란의 대명사'로 알려진 항구도시였다. 지중해 연안 국가들의 해상 교통(무역)의 중심지였기에 안전한 항해를 기원하는 각 나라의 우상들이 총집결한 것이다. 심각한 '세 가지'로 무장된 도시였지만 고린도 역시 복음으로 정복될 도시 중 하나였다(골 4:3).

도시를 살리기 위한 하나님의 전략은 '만남'이었다. 바울이 하나님을 위하여 홀로 변론하며 대신 싸웠던 아덴과 달리 고린도에서는 소중한 동역자들을 허락해 주셨다. 직전의 빌립보와 데살로니가, 베뢰아와 아덴까지 바울은 한 번도 자신의 길을 계획한 적이 없었다. 핍박을 피해 도망간 것이다. 아굴라와 브리스길라도 마찬가지다(2절). 유대 그리스도인으로 핍박을 받던 중 글라우디오의 칙령으로 로마에서 추방을 당했다. 갑자기 삶의 터전에서 내던져진 두 사람이 도망간 곳이 고린도였다. 결국, 절망의 끝자락에서 놀라운 만남이 시작된 것이다(3절,롬11:29).

고린도 교회는 '아굴라와 브리스가'라는 두 부부의 집에서 시작되었다(고전16:19). 훗날 두 사람은 아볼로에게 하나님의 도를 더 정확하게 풀어 줄 뿐 아니라(26절), 바울의 목숨을 위해 자기들의 목까지도 내어놓는 동역자가 되었다(롬16:3~4). 위대한 만남을 통한 하나님의 계획이었다.

이어서 '실라와 디모데'가 고린도에 도착했다. 두 사람을 늘 그리워하며 기다렸던 바울은 얼마나 행복했을까! 소중한 동역자들과의 재회와 그들이 가져온 데살로니가의 '믿음과 사랑의 기쁜 소식(살전3:6~8)'은 바울에게 큰 위로이자 살맞이 나게 하는 복음의 원동력이 되었다. 물론 바울의 열정은 저항을 불러일으켰지만, 그는 복음전파의 사명을 중단하지 않았다(5~6절). 대신 회당을 나와 경건한 이방인 디도의 집으로 거점을 옮겼다. 그리고 놀라운 일이 일어났다.

회당 사람들은 저항했으나 회당장 그리스보와 온 가족이 회심한 것이다. 황폐한 땅에서 연이어 동역자들이 세워졌다. 이 과정을 통해 수많은 고린도 사람들이 믿고 세례를 받기 시작했다(7~8절).

그리고 이러한 위대한 만남의 정점에는 하나님이 계셨다. '밤'에 환상을 통해 바울을 찾아온 것이다. "두려워 말라. 잠잠하지 말고 계속 말하라. 내가 너와 함께할 것이다. 아무도 너를 대적할 수 없다. 이 성에는 내 백성이 될 사람들이 많이 예비되어 있다(9~10절)"

마치 가나안 정복을 앞둔 여호수아에게 찾아오셨듯이 그에게 나타나 확실한 권면을 주셨다(수1:6). 이후, 바울은 1년 6개월 동안 고린도에 머물며 말씀을 가르쳤다. 교회는 재창조되었고 후대까지 영원히 남아 교회를 위한 지침이 될 고린도 전·후 서가 탄생하였다. 그리스도인의 만남에는 우연이 없다. 오늘도 삶의 소중한 만남을 통해 하나님은 그분의 나라를 이루어 갈 것이다.

2. 새로운 출발을 위해 (행 18:12~23)

"바울은 더 여러 날 머물다가 형제들과 작별하고
배 타고 수리아로 떠나갈 새 브리스길라와 아굴라도 함께 하더라
바울이 일찍이 서원이 있었으므로 겐그레아에서 머리를 깎았더라" (행 18:18)

빌립보를 필두로 고린도까지 바울의 2차전도 여행은 절대 만만치 않았다. 특히 고린도는 하나님의 강력한 은혜(만남)와 더불어 유대인들의 방해가 심했던 곳이다. 그럼에도 1년 6개월간 수많은 우상과 싸우며 복음을 전한 곳이다.

그러던 중 바울은 잠시 사역을 멈춘다. 새로운 출발을 위해 잠시 숨 고르기가 필요했다. 이를 위해 선택한 장소는 본인을 파송한 수리아의 안디옥이었다(18절). 안디옥은 바울의 영적 고향이다. 바나바의 중보로 이방 땅을 위한 공동체를 함께 세운 곳이며, 자신을 이방인의 전도자로 최초로 믿고 파송해 준 곳이다(13:2). 거친 방해로 지친 그의 육신과 마음이 안디옥교회의 따뜻함으로 분명 치유되었을 것이다.

이 과정에 바울이 보여준 두 가지 행동이 있다. 첫째는 겐그레아에서 머리를 깎은 일이다(18절). 바울은 왜 이 순간 머리를 깎은 것일까? 당시 유대인이 머리를 깎는 일은 '나실인(구별된 자)의 서원'과 관련이 있다. 나실인은 '하나님께 헌신을 서원한 자'로서 세 가지를 금해야 했다. 포도주와 독주(지배), 시체를 가까이하는 일(사망), 머리에 삭도를 대지 않는 것(통치)이다. 바울이 머리를 깎았다는 것은 그가 결단한 서원의 '해지 선언'과 같다.

그럼 그가 과거에 한 서원은 무엇이었을까? 고린도에서 '자신을 괴롭힌 유대인에게 다시는 복음을 전하지 않겠다'라는 서원이었다(18:6). 그러나 고린도를 떠나는 순간, 유대인에게 다시 복음을 전하겠다는 결단을 보인 것이다. 결국, 바울은 자신의 결단을 꺾는(철회) 모습을 보였다. 내가 세운 '기존의 계획을 내려놓는 일', 이것이야말로 새로운 출발을 위한 시작인 셈이다.

둘째는 에베소의 성도들에게 보인 그의 반응이다. 놀랍게도 그는 안디옥으로 향하던 중 에베소의 유대인들에게 복음을 전하게 된다. 머리를 깎자마자, 바로 영혼을 붙이신 것이다. 감사하게도 에베소의 유대인들은 바울을 환대했다. 여러 사람이 그에게 더 오래 있기를 간청했다(19절). 그러나 바울은 대답은 의외였다. "만일 하나님의 뜻이면 너희에게 돌아오리라(21절)" 당장 그들의 요구를 들을 법도 한데, 절제하며 하나님의 뜻을 구한 것이다. 2차 전도여행을 시작할 때(16장), 익숙했던 아시아를 고집한 것과는 사뭇 달라진 모습이다. 결국, 겐그레아와 에베소에서의 결단은 '하나님의 부르심'에 철저히 순복하는 모습을 보여준다.

새로운 출발을 위해 위로와 쉼을 누리는 것은 매우 중요하다. 그러나 그와 함께 반드시 병행되어야 할 모습이 있다. 하나님의 뜻을 온전히 따르기 위해 '개인의 감정과 조급함'을 뛰어넘는 노력이다. 우린 언제나 새 날을 맞이한다. 여러 한계와 어려움이 여전히 남아있지만 새로운 출발을 위해 하나님의 뜻에 철저히 순복할 수 있기를 기도해 본다.

증인들의 고백

1. 도시를 살리기 위한 하나님의 전략은 '만남'이었다. 바울이 홀로 변론(대신 싸우다)한 아덴과 달리 고린도에서는 소중한 동역자들을 허락해 주셨다.
2. 바울은 자신의 결단을 꺾는(철회) 모습을 보였다. 내가 세운 '기존의 계획을 내려놓는 일', 이것이야말로 새로운 출발을 위한 시작인 셈이다.

복음 전도를 위한 고민

1. 하나님은 소중한 만남을 통해 당신의 나라를 확장해 가십니다. 나에게 보내주신 복음의 동역자는 누구인가요?
2. 때로는 기존에 세운 나의 계획이 하나님의 계획에 걸림돌이 될 수 있습니다. 혹여나 아직 철회하지 못한 내 안의 걸림돌이 있다면 함께 나누어 봅시다.

19장

에베소의 부흥

-
-
-

1. 성령을 받았느냐? (행 19:1~7)

"이르되 너희가 믿을 때 성령을 받았느냐
이르되 아니라 우리는 성령이 계심도
듣지 못하였노라." (행 19:2)

사도행전은 예수님의 공생애 첫 번째 메시지인 '하나님 나라'의 실제를 보여준다(막1:15;행1:3,8). 그 과정에는 회개와 믿음을 통해 준비된 '새 부대(막2:22, 복음의 통로와 주체)'가 늘 존재했다. 바울 역시 겐그레아에서 머리를 깎음으로 마음을 돌이켰고 에베소라는 새로운 자리로 나아갈 수 있었다.

3차 전도여행이 에베소에서 본격적으로 시작되기 전 그는 '어떤 제자'들을 만난다(1절). 그리고 이들에게 질문을 건넨다. "너희가 믿을 때에 성령을 받았느냐?(2절)" 바울은 왜 이런 질문을 했을까? 이 질문은 일부 오순절파와 은사주의 집단의 증거 본문이 되었다. 마치 기독교 입문에 두 단계가 있는 것처럼, 회심 이후 성령 세례를 받아야만 한다고 주장한다. 결국, 이는 율법주의처럼 신앙의 계층을 나누는 위험성을 보인다.

그러나 바울이 질문한 의도는 그것이 아니었다. 바울이 질문한 의도는 이들을 만났을 때, 그들 안에 성령이 없다는 것을 직접 느꼈기 때문이다. "성령을 받았느냐?"는 질문은 곧 "예수를 영접했느냐?, 예수를 주로 시인하느냐?"는 뜻이다. 대화를 통해 밝혀진 사실은 그들은 성령을 알지(경험) 못하였고, 요한의 세례인 물세례(물은 씻는 기능을 지닌다) 즉, 회개의 세례만을 경험한 자들이었다(3절).

결국, 그들은 성령의 은사가 필요한 제자들이 아닌, 아직 거듭나지 못한 구도자였다. 그들이 왜 고향인 유대 땅을 떠나 먼 에베소까지 왔는지는 정확히 알 수 없다. 아마도 강력한 박해를 피해 도망을 온 것으로 보인다(8:2). 바울은 이들에게 당장 필요한 것이 무엇인지 알았다. 바로 예수님이다. 세례요한의 당부처럼(마3:11~13), 성령(보혜사)과 불로(심판) 세례를 베푸실 예수님이 그들에게 절실히 필요했다. 그들은 곧 예수의 이름으로 세례를 받았고 성령이 임(내주)하자 방언과 예언도 하였다(5~6절). 오순절의 축소판을 경험한 것이다.

여기서 주의할 사항이 있다. 방언과 예언이 결코 구원의 표증이 아니라는 사실이다. 이러한 은사는, 유대 땅뿐 아니라 이방 땅에서도(사마리아와 고넬료처럼), 얼마든지 구원을 베푸신다는 하나님의 싸인일 뿐이다. 그렇다면 성령이 내주하는 구원받은 자의 가장 중요한 특징은 무엇일까?

"...또 성령으로 아니하고는 누구든지 예수를 주시라 할 수 없느니라(고전12:3)"

바로 이것이다. 성령이 없다면 누구든지 예수를 '주'라 고백할 수 없다. 오직 성령을 통해서만 예수님을 삶의 주인으로 모실 수 있고, 또한 예수님만을 따라갈 수 있는 것이다(마4:19, 엡5:18).

예수님을 몰랐던 영혼들이 진정한 제자로 거듭나게 되었다. 신기하게도 그들의 수가 '12'이다. 마치 예수님의 열두 제자처럼 변화된 것이다. 훗날 그들은 바울의 든든한 에베소의 동역자가 되었을 것이다. 나는 성령을 받은 자인가? 내주하시는 성령님과 함께 진정 예수님만을 따라가는 증인이 되기를 소망한다.

2. 흥왕케 하는 힘 (행 19:8~20)

"이와 같이 주의 말씀이 힘이 있어
 흥왕하여 세력을 얻으니라" (행 19:20)

누가는 에베소의 큰 부흥을 '흥왕하여 세력을 얻었다'라고 표현한다(20절). 그 부흥은 아시아에 사는 유대인과 헬라인들이 '다 주의 말씀을 듣는 놀라운 열매'였다(10절). 에베소 주민의 갈급함 때문일까? 아니면 바울이 3년 가까이 머물렀기 때문일까? 본문은 하나님의 꿈의 표적인 교회를 통해 어떻게 에베소에 위대한 부흥이 일어났는지를 상세히 알려준다.

먼저, 에베소는 대적하는 자가 많았던 곳이다(고전16:8~9). 사역을 위한 안성맞춤의 장소가 아니었다는 의미다. 그곳은 풍요와 건강(다산)의 신인 아데미 신전이 지배하는 도시였다. 모여드는 아시아의 참배객으로 인해 '광대하고 유효한 전도의 문'이 열린 곳이지만, 강력한 방해가 있던 곳이다. 바울은 이런 곳에서 하나님 나라에 대해 지속해서 강론하며 권면했다. '예수와 회개, 그로 인한 확장' 등은 하나님 나라의 핵심 메시지였다.

이러한 바울의 헌신에도 불구하고, 청중의 반응은 극명하게 나누어진다. 우선, 마음이 굳어 순종하지 않고 무리 앞에서 도를 비방하는 자들이 등장했다. 유사기독교를 대표하는 유대인들을 비롯하여 자신의 목적과 복음이 맞지 않아 거부반응을 보인 자들이었다(8~9절). 바울의 전략은 그들을 '떠나는 것'이다. 그는 '씨를 뿌릴 수'는 있지만, '씨가 뿌려진 땅'을 변화시킬 수는 없기 때문이다. 복음을 전할 수는 있어도 받는 자의 마음의 길가(딱딱한 도로)와 가시 떨기(잡초들)까지는 해결할 수 없기 때문이다. 그 일은 바울의 몫이 아니었다(막4).

바울이 과감히 떠나며 한 일이 한 가지 더 있다.

제자들을 따로 세워 두란노 서원에서 날마다 강론한 것이다. 당대의 유명한 철학자인 '두란노'의 강연장을 빌려 날마다 하나님 나라를 전한 것이다. 여기서 놓치지 말아야 할 사실이 있다. 바울이 그 서원을 쓸 수 있었던 시간이다. 한 사본에 따르면 그 시간은 오전 11시부터 오후 4시까지였다. 이 시간은 뜨거운 햇볕을 피해 새벽부터 일하는 주민들이 취침 및 휴식을 취하는 시간이었다. 그러니 아무도 쓰지 않는 기피 시간에 '날마다' 복음을 전했고, 성도들 역시 '적당히'를 넘어 '힘이 있는 주의 말씀(20절)'에 집중한 것이다.

이와 함께 놀라운 이적들이 따라왔다. 심지어 땀과 눈물로 젖은 바울의 손수건만 닿아도 병과 악귀가 떠나갔다(12절). 그가 능력의 종이어서 가능했던 것일까? 물론 바울과 베드로의 걸음은 특별한 경우가 많다. 그러나 오늘도 '그리스도의 남은 고난(골1:24)'을 채워가는 자를 통해 동일한 이적이 일어날 수 있다고 믿는다.

그러나 그들은 이적에 집중하지 않았다. 그들이 보인 마지막 모습은 '철저한 회개'였다(18~19절). 자복하기 시작했고, 마술하던 책을 불사르기 시작했다. 그들이 어떻게 흥왕하였는가? 힘 있는 말씀에 자신의 삶을 드렸다. 능력의 말씀 앞에 자신의 인생을 맡겼다. 그 말씀을 따라 회개하자. 말씀의 기준에 맞춰 다시 생각하고 삶의 방향을 조정하자. 우리의 삶에도 놀라운 일이 기다릴 것이다.

증인들의 고백

1. 성령이 없다면 누구든지 예수를 '주'라 고백할 수 없다. 오직 성령을 통해서만 예수님을 삶의 주인으로 모실 수 있고, 또한 예수님만을 따라갈 수 있다.
2. 바울의 전략은 때론 영혼들을 '떠나는 것'이다. 그는 '씨를 뿌릴 수'는 있지만, '씨가 뿌려진 땅'을 변화시킬 수는 없기 때문이다.

복음 전도를 위한 묵상

1. 복음 전도의 가장 확실한 표증은 성령의 내주입니다(엡 1:13). 그 성령 안에서 날마다 예수를 '주'라 시인하고 있나요?
2. 아무리 복음의 씨앗을 뿌려도 반응하지 못하는 영혼들이 있나요? 씨앗이 뿌려진 땅이 변화될 수 있도록 다시 한 번 기도합시다.

20장
성령에 묶인 자

-
-
-

1. 예루살렘으로 가는 길 (행 20:1~6)

"소요가 그치매 바울은 제자들을 불러
권한 후에 작별하고 떠나 마게도냐로 가니라" (행 20:1)

에베소의 큰 부흥은 말씀의 '힘'으로 흥왕하여 세력을 얻은 것이다(19:20). 그러나 부흥과 함께 방해도 만만치 않았다. 데메드리오와 직공들의 폭동이 그 증거다. 바울이 전한 복음으로 인해 아데미신상 판매가 감소하자 격분하여 소동을 일으킨 것이다. 경제적 손해가 주원인이었다. 서기장을 통해 소동은 사라졌지만(41절), 사탄은 오늘도 맘몬(재물)으로 세상을 지배하고 있다. 더 나아가 물질 우선주의로 공동체를 흔들고 있다.

소요가 그치자 바울은 즉각 움직인다. 그에게 반드시 가야 할 목적지가 있기 때문이다. 바로 '예루살렘'이다. 유월절을 맞이하여 모여들 유대인들에게 복음을 전하기 위해, 또한, 심각한 기근을 맞이한 예루살렘 교회를 돕기 위함이었다. 그 후 로마와 당시의 땅끝(지중해 끝)이었던 서바나(스페인)로 가는 것이 최종 목적이었다(롬15:22,28).

이를 위해 바울이 가장 먼저 한 일은 '권면'이다(1~2절). 권면은 단순한 충고가 아니다. 초대교회의 권면은 특별히 교역자(고후5:20;딛1:9)와 성도들(살전5:11,골3:16,히3:13)을 통해 일어났던 아름다운 신앙의 전통으로 서로를 붙드는 강력한 힘이었다. 그리스도의 전권대사로 에베소와 마게도

냐 지방의 여러 제자를 향한 바울의 권면(위로, 교훈, 책망)을 통해 교회는 든든히 세워졌을 것이다.

곧이어 그는 헬라에 도착한다. 헬라는 당시 아가야 지방의 고린도를 의미한다. 그곳에서 바울은 '석 달'을 머문다(3절). 바울은 그곳에서 무엇을 했을까? 정설에 의하면 그는 로마서를 기록했다. 밖으로 나가 외치는 대신, 펜을 들고 복음의 정수를 써 내려간 것이다. 만일, 로마서가 없었다면 어땠을까? 오늘날 교회는 엄청난 혼란을 겪었을 것이다. 믿음의 참 의미와 예수 그리스도의 피의 공로 또한 과소평가 될 것이다. 그렇기에 석 달은 하나님 나라를 위한 그 어떤 사역보다 위대한 시간이었다.

그 후 바울은 해상을 통해 속히 예루살렘으로 가길 원했다. 그러나 명절을 맞아 순례 선에 대거 탑승할 유대인들은 바울을 죽이려 했다. 죽음의 위기 앞에 바울은 해상이 아닌 육로로 돌아갈 것을 결정한다(3절). 이 시점에서 누가는 그의 이야기를 잠시 중단하고 바울과 동행한 자들을 소개한다.

그들은 당시 아시아와 유럽 교회들의 대표자 7인이었다(4절). 이처럼 바울은 홀로 여행한 적이 거의 없다. 첫 번째(바나바와 마가)와 두 번째 여행(실라와 디모데, 누가) 뿐 아니라 세 번째 여행의 막바지에서도 그와 동행한 이들이 누구인지를 알려준다. 그들은 멀리 떨어진 예루살렘 교회의 가난한 자들을 위해 기쁨으로 연보에 참여한 자들이다(롬15:26).

하나님은 지금도 참된 목적지를 향해 가는 자들을 반드시 도우신다. 눈앞의 큰 역경이 있어도, 하나님 나라를 위해 묵묵히 걸어가자. 놀라운 하나님의 도움이 있을 것이다.

2. 유두고가 살아났습니다. (행 20:7~12)

"바울이 내려가서 그 위에 엎드려
그 몸을 안고 말하되 떠들지 말라
생명이 그에게 있다 하고" (행 20:10)

하나님 나라를 위한 바울의 여행은 분명한 특징이 있다. 먼저 세속적인 장소를 과감히 선택했다. 집과 서원 등, 굳이 회당이 아니어도 복음을 전했다. 또한, 준비된 사람을 붙여 주셨다. 혼자가 아닌 함께 그 일을 이루게 하셨다. 마지막은 성령의 고상한 방해다. 성령의 신비로운 이끄심에 그는 순종했다. 이것이 땅끝의 증인을 만드는 성령의 권능이었다(행1:8).

드로아의 한주도 동일했다. 에베소의 부흥이 드로아에 옮겨졌고 떠나기 전날 '주일', 바울과 말씀을 갈망하는 자들이 한집에 모였다(7절). 성도 대다수가 노예였기에 저녁 시간이 아니면 예배에 참여할 수 없었다. 이때 한 무명의 성도가 자신의 넓은 집을 예배처소로 헌신했다. 일몰(오후 7시)이 되자 각자의 등불을 가지고 모이기 시작했고 그곳에 '유두고'가 있었다.

유두고의 이름은 '행운, 행복($Εὔτυχος$,:유티쿠스)'이란 뜻으로 당시 노예(종)들의 흔한 이름이었다. 청년($παιδία$:파이다)은 8~14세의 소년으로 장성한 청년이 아닌 청소년기의 한 아이를 뜻한다. 그가 하루의 고된 일과를 마치고 달려온 것이다. 좋은 자리를 맡을 수 없었기에 삼층의 창가에 걸터앉았다(8~9절). 그가 처음부터 졸지는 않았을 것이다. 창밖으로 집중되어 빠지는 탁한 공기와 연기, 멈추지 않는 바울의 강론(고후11:6),

밀려오는 피로는 그를 깊이 잠들게 했고 급기야 떨어져 죽게 했다.

유두고의 죽음에 관한 논쟁은 여전하다. "실제로 죽은 것이 아니라 기절한 것이다. 죽어가고 있던 것이다" 그렇지 않다. 저자인 의사 누가는 명확히 "죽었다"고 사망 선고를 내렸다. 중요한 것은 유두고의 '떨어짐에 대한 해석'이다. 유두고의 고단함은 마치 우리의 인생을 대변한다. 온전한 쉼 없이 분주하고 피곤한 인생, 그 인생은 안타깝지만 결국 유두고처럼 떨어져 죽을 수밖에 없다. '떨어짐(πιπτΩ:핖토, 9절)'은 '낙심과 절망(종말)'을 뜻하는 단어다. 결국, 인생이 '끝났다'라는 의미다. 이때 주변이 '떠들기 시작'했다. 유두고의 죽음을 두고 주변의 소동과 수군댐(비난)이 일어났다.

그런데 이때. 바울은 죽은 유두고 위에 엎드려 그 몸을 안기 시작했다(꽉 껴안다). 한 영혼을 깊은 관심과 사랑의 표현이었다. 여기서 '엎드림(επιπίπτω:에피피푸토)'은 특수한 표현으로 엘리사와 엘리야, 예수님 등이 결정적인 순간 사용했던 단어로 '덮음과 엄습, 밀어내다'라는 뜻이다(10절). 결국, 생명의 기운이 사망의 기운을 밀어낸 것이다. 이것이 예배다. 하나님의 은혜가 뒤덮자 '절망과 사망'에서 '소망과 생명'으로 바뀌는 역사, 이것이 예배의 본질이다. 소생한 유두고는 다시 떡을 떼었고(애찬과 성찬), 날이 새기까지(오전 5시) 다시 말씀을 들었다(11절).

이로 인해 교회는 큰 위로를 받았다(12절). 고된 생활고에 낙심한 성도들이 다시 힘을 얻은 것이다. 절망의 순간, 소생한 유두고를 기억하자! 생명의 기운이 절망과 사망의 현장에 강력하게 밀려오기를 소망한다.

3. 모든 겸손과 눈물로 (행 20:17~21)

"곧 모든 겸손과 눈물이며
유대인의 간계로 말미암아 당한 시험을
참고 주를 섬긴 것과" (행 20:19)

그리스도인의 삶은 만남과 이별의 연속이다. 바울과 에베소 장로들의 이별은 그리스도인의 영원한 만남이 천국에서만 가능함을 보여준다. 소중한 서로의 얼굴을 다시 볼 수 없음을 직감한 바울은 '고별설교'를 남긴다(20:25,38). 이후 에베소의 장로들은 눈물과 슬픔으로 가득 찬 배웅을 하며 바울과 헤어진다.

밀레도까지 건너온(약 45km) 장로들은 바울이 에베소에서 복음을 전한 요한의 세례만을 알고 있던 약 12명의 제자일 가능성이 크다(19:1~7). 그들이 지난 3년 동안 교회의 집회를 관장하는 '장로'로 영혼들을 보호하는 '감독'으로 놀랍게 성장한 것이다. 위대한 전도자인 동시에 목회자였던 바울은 3년간 어떻게 목회를 한 것일까? 그의 설교는 성장과 변화를 위한 놀라운 지침을 알려준다.

먼저는 '회개와 믿음'을 강조한 유익한 가르침을 거리낌 없이 전한 것이다(20~21절). 회개와 믿음은 예수님의 공생애 첫 번째 가르침인 동시에 원수의 도시에 하나님 나라를 세우는 핵심 원리다. 회개와 믿음 없이는 누구도 새 부대로 준비될 수 없기 때문이다(막1:15,2:22).

그러나 전하는 내용보다 중요한 원리가 있다. 바로 전하는 자의 태도다. 씨앗을 뿌린 모든 곳에 열매가 나지는 않는다. 전하는 자의 삶이 반드시 밑거름되어야 한다. 그 밑거름은 '모든 겸손과 눈물, 그리고 인내'로 자리를 지키는 것이다(19절). 모든 겸손이란 철저한 겸손을 뜻한다. 예수님이 타신 나귀 새끼처럼(슥9:9) 낮은 마음으로 묵묵히 순종하는 태도를 가리킨다. 누구보다 교만했던 바울이 어떻게 이토록 겸손해질 수 있었을까? 끝없는 은혜와 고난이 그의 힘을 빠지게 했기 때문이다(신8:2~3;고후4:7,11:23).

또한, 바울은 눈물이 그칠 날이 없었다. 여전히 방황하는 지역의 영혼들로 인해, 어그러진 말을 하며 공동체를 흔드는 성도들로 인해, 교회를 향한 넘치는 사랑으로 인해, 그의 눈에는 늘 눈물이 가득했다. 눈물은 억지로 흘릴 수 없다. 쉬지 않으시는 하나님의 마음이 나를 온전히 다스릴 때 일어나는 반응 중 하나다(시126:5~6).

마지막 태도는 인내다. 그는 유대 사람의 음모와 온갖 시련들을 참아냈다. 만일 그가 참아내지 못했다면 고별설교의 현장은 존재하지 않았을 것이다. 그의 힘으로는 버틸 수 없었다. 겸손과 많은 눈물로 주를 섬길 때, 하루하루 견딜 힘을 허락해 주신 것이다. 주님의 희생과 부활이 성령 안에서 나의 힘으로 변화된 것이다. 영혼은 하루아침에 변할 수 없다. 누군가 끊임없이 기다려줘야 한다. 바울에게 에베소의 3년은 하나님의 약속을 믿고 인내하는 시간이었다(히10:35). 증인으로서 바울이 몸소 보여준 삶을 기억해야 한다. 모든 겸손과 눈물로 사람을 세우는 전도자로 세워질 것이다.

4. 성령에 매여 가는 길 (행 20:22~38)

*"보라 이제 나는 성령에 매여
에루살렘으로 가는데 거기서
무슨 일을 당할는지 알지 못하노라."* (행 20:22)

에베소의 장로들을 향한 바울의 고별설교는 그가 무엇을 바라고 있는지를 명확히 알려준다. 그가 집중하며 달려간 곳은 다름 아닌 '주 예수로부터 받은(잡은) 사명'이다(24절). 사명($\delta\iota\alpha\kappa o\nu\iota\alpha$:디아코니아)은 곧 봉사를 뜻한다. 예수님이 이 땅을 섬기(봉사)러 오신 것처럼(마20:28), 사명을 받은 것은 '내가 어디서 누구를 위해 무엇을 섬길지'를 정확히 아는 상태를 뜻한다.

모든 겸손과 눈물과 인내로 세워진(19절), 에베소의 일꾼들에게 궁극적으로 필요한 것이 바로 '사명'이다. 사명은 인생을 지탱하는 힘이다. 바울은 이미 자신이 '이방인의 사도'로 부름을 받았음을 확신했다(롬15:16). 그리고 그 확신(믿음)은 그가 숱한 고난을 버티게 한 힘이었다. 아프리카 선교의 개척자인 데이비드 리빙스턴은 '사명자는 그 사명을 다하기까지 죽지 않는다'고 말했다. 사명은 그만큼 중요하다. 그래서 바울은 마지막 고별설교를 통해 또 다른 사명자를 세우길 원했다.

그렇다면 진정한 사명자로 세워지는 원리는 무엇일까? 그 핵심은 바로 '성령'이다(23,28절). 성령은 '현재 내가 서 있는 곳'으로 이끄신 분이다(28절). 사람이 아니다. 성령께서 나를 진리 가운데로 인도한 것이다(요16:13). 또한, 성령은 바울에게 '결박과 환난이 기다린다'라고 알려주셨다

(23절). 사명의 길에 평안과 기쁨은 반드시 따라오지만, 성령이 먼저 알려주신 것은 결박과 환난, 즉 고통의 삶이다. 이는 두로의 제자들과 가이사랴의 빌립 집사와 동료들에게 동일하게 예언된 내용이었다(21:4,11). 그럼에도 바울은 예루살렘으로 가려 했고, 제자들과 동료들은 울며 바울의 길을 막아섰다.

그렇다면 바울을 향한 하나님의 뜻은 무엇이었을까? 예루살렘을 향해 가는 것일까, 아니면 멈추는 것일까? 같은 성령께서 서로에게 다른 감동을 주신 것일까? 아마도, 하나님은 둘 다 허락했을 것이다. 중요한 것은 바울의 최종 선택이다.

그는 자신의 의지를 들어 '좁은 문(마7:13~14)'을 선택했다. 그렇다면 바울은 예루살렘을 지나 로마까지 어떻게 좁은 문을 지속해서 걸어갈 수 있었을까? 다름 아닌 그는 '성령에 매인 자'였기 때문이다(22절). 매였다는 의미는 '묶였다'라는 뜻이다. 많은 이들이 '마음은 원하지만, 육신이 약하여(막14:38)' 사명과 멀어질 때가 있다. 베드로가 그랬다. 열정은 있었지만, 그는 자신을 묶고 있는 육신(the flesh; 죄로 물든 습관)을 이길 힘이 없었다(막14:54). 그래서 주님이 승천하는 결정적인 순간에도 하나님 나라가 아닌 자신의 욕심에 사로잡혀 있었다(행1:6).

그런 베드로가 언제 변화되었는가? 성령의 세례를 받은 후부터다. 그때부터 '성령에 묶인 자'가 된 것이다. 현재 나는 무엇에 묶여 있는가? 육신에 묶여서는 도저히 전진할 수 없다. 성령에 묶이자. 우리의 원함이 성령을 통해 이루어질 것이다(갈5:17).

증인들의 고백

1. 생명의 기운은 사망의 기운을 밀어낸다. 이것이 예배다. 하나님의 은혜가 뒤덮자 '절망과 사망'에서 '소망과 생명'으로 바뀌는 역사, 이것이 예배의 본질이다.
2. 전하는 내용보다 중요한 원리가 있다. 바로 전하는 자의 태도다. 씨앗을 뿌린 모든 그곳에 열매가 나지는 않는다. 전하는 자의 삶이 반드시 밑거름 되어야 한다.
3. 예수님이 이 땅을 섬기러 오신 것처럼, 사명을 받은 것은 '내가 어디서 누구를 위해 무엇을 섬길지'를 정확히 아는 상태를 뜻한다.

복음 전도를 위한 묵상

1. 한 영혼을 살리기 위해서는 전하는 자의 '겸손과 눈물, 인내'가 필요합니다.
지금 나에게 시급히 필요한 준비는 무엇일까요?
2. 좁은 길을 지속해서 걸어가는 힘은 '성령에 매일 때' 주어집니다. 성령에 묶이기 위해 필요한 나의 결단은 무엇인가요? 깊이 고민해 봅시다.

PART 3

복음 전도의 정점,
거침없이 퍼져가다

"여전히 꿈을 꾸는 증인들"

21장

꼭 필요한 사람들

-
-
-

1. 아름다운 머무름 (21:1~17)

"가이사랴의 몇 제자가 함께 가며
한 오랜 제자 구브로 사람 나손을 데리고 가니
이는 우리가 그의 집에 머물러 함이라" (21:16)

여러 주간에 걸친 여행과 정지 끝에, 바울은 예루살렘에 도착했다(17절). 예수님처럼 고난이 있으리라는 성령님의 예언도 그를 제지하지 못했다. 누가는 분명 이러한 바울의 굴하지 않는 용기와 확고부동한 의지를 드러내고 있다(20:23~24).

붙잡은 사명을 어떻게 지속할 수 있었을까? 먼저, '성령에 매이는(묶이는) 일'이 필요하다(22절). 성령이 주시는 깊은 '위로와 담대함'은 그의 결심을 흔들리지 않게 했다. 이와 함께 바울이 예루살렘에 도착할 수 있었던 결정적인 이유가 있다. 바로 제자들과 아름다운 만남 즉, '머무름(4,7,10,16,17절)'이다. 여러 항구와 집에서 '함께 머무름'을 통한 교제는 바울의 여정에서 그의 기운을 북돋아 주는 결정적인 이유였다.

밀레도에서 에베소 장로들과 머무름을 뒤로하고 떠난 바울은 두로의 제자들과 함께 이레를 머물렀다(4절). 그들 역시 에베소 장로들처럼 함께 무릎을 꿇고 기도한 후 눈물의 작별을 가졌다(5~6절). 돌레마이에서는 형제들과 함께 하루를 머물렀다(7절). 이어 가이사랴에서는 전도자 빌립의 집에 숙소를 정하고 여러 날 그와 함께 머물렀다(10절). 약 20년

전 예루살렘의 박해를 피해 가이사랴에 정착한 빌립이었다. 동료인 스데반을 죽인 살인범과 만남은 어떠했을까? 그리스도 안에서의 역사적인 화해와 연합이 머무름 가운데 이루어진 것이다.

그 후 가이사랴의 몇 제자들의 호위를 통해 오랜 제자인(예루살렘 교회의 창립멤버) 구브로 사람 나손의 집에 머물게 된다(16절). 예루살렘으로 올라가는 그의 기분은 어떠했을까? 많은 이들이 바울 일행을 꺼렸을 것이다. 그러나 나손은 오랜 제자답게 그들을 흔쾌히 영접했다. 이 머무름을 통해 예루살렘의 성도들 역시 바울을 기꺼이 영접하게 된다(17절).

예루살렘에 오기까지 총 5차례의 머무름(배움)이 있었다. 그곳에서 마주한 제자들, 즉 작은 예수들과 만남이 그에게 큰 기운을 준 것이다. 이 과정을 바울의 예루살렘 '개선 입성식'이라고 부른다면 과장일 것이다. 그러나 적어도 그가 받은 따뜻한 영접(이해와 섬김)은 며칠 후 무리가 '바울을 없애 버리라'고 외치는 것을 견디는 힘을 주었을 것이다(36절).

이러한 바울의 걸음은 사명자로 서야 하는 우리에게 큰 기준이 된다. 아무리 성령에 매일지라도, 반드시 함께 머물러 주는 동역자가 필요하다. 그들은 주 안에서 택하심을 입은 자들이다(롬16:13). 이미 주님은 나에게 맞는 제자들을 허락해 주셨다. 그리스도를 대신하는 한 사람 한 사람과의 만남은 믿음의 경주를 완주하는 큰 버팀목이 되어줄 것이다(히 12:1~2).

예루살렘으로 달려갈 힘이 필요한가? 아름다운 머무름을 통해 놀라운 화해와 위로, 격려와 도전이 일어나기를 간절히 소망한다.

증인들의 고백

1. 제자들과 아름다운 만남 즉, 여러 항구와 집에서 '함께 머무름'을 통한 교제는 바울의 여정에서 그의 기운을 북돋아 주는 결정적인 이유였다.
2. 아무리 성령에 매일지라도, 반드시 함께 머물러 주는 동역자가 필요하다. 그리스도를 대신하는 한 사람 한 사람과의 만남은 믿음의 경주를 완주하는 큰 버팀목이 되어준다.

복음 전도를 위한 묵상

1. 나에게 진정한 위로와 격려를 해주는 '아름다운 머무름'의 시간이 있나요? 구체적으로 그 시간이 언제인지 고민해봅시다.
2. 그리스도를 대신하여 내 곁에 있어 주는 사람은 누구인가요? 귀한 동역자를 허락해주신 하나님을 찬양합시다.

22장

내가 만난 예수님

...

-
-
-

1. 바울의 두 가지 질문 (행 22:1~21)

"내가 대답하되
주님 누구시니이까 하니 이르시되
나는 네가 박해하는 나사렛 예수라 하시더라" (행 22:8)

동시(同時)에 동서(東西)로 갈 수 없다는 유대 격언이 있다. 선과 악이 함께 할 수 없고, 차가움과 뜨거움이 공존할 수 없다는 뜻이다. 바울 역시 마찬가지다. 그리스도를 계승하는 자(시45:16)로 '편안함 대신 불편함'을 선택했다. '아름다운 머무름(21장)' 전에, 성령에 매인 '끝없는 회개(20장)'가 그 증거다.

천신만고 끝에 예루살렘에 도착한 바울은 이방 땅의 놀라운 하나님의 일을 나누었다(21:19~20). 그러나 문제가 생겼다. 바울에 관한 이상한 소문이다. 바울이 모세를 저주하고 모든 율법을 폐한다는 소문이었다. 철저한 거짓이다. 디모데에게 할례를 행하고(16:3), 겐그레아에서 머리를 깎고(18:18), 오순절이 되기 전 예루살렘에 도착한 바울은 율법을 지키며 어떻게든 유대인들을 살리고자 했던 전도자였다(고전9:19).

율법에 열성을 가진 유대인들의 죽음의 위기에서 그는 복음을 전할 기회를 얻는다. 그리고 자신을 죽이려 한 유대인들을 향해 바울은 겸손히 외쳤다. '부형들아(1절)!' 한 형제요, 한 핏줄이라는 뜻이다. 왜였을까? 어떻게든 '위기를 전도의 기회'로 바꾸려 한 것이다.

전도의 내용은 자신의 인생을 바꾼 '예수님과 만남'이다(4~21절). 그리고 그 내용의 핵심은 주님을 향한 '바울의 두 가지 질문'이다. "주님 누구시니이까?(8절)", 그리고 "주님 무엇을 하리이까?(10절)"이다. 신앙의 중심은 내가 믿는 '예수님이 누구신지', 그리고 예수님을 믿는 '내가 누구인지'를 정확히 아는 것이다.

"나는 네가 박해하는 나사렛 예수라(8절)" 첫 번째 질문에 대한 답이다. 왜 나사렛 예수라 하셨을까? 당시 나사렛은 갈릴리와 같이 '저주, 멸시, 천대'를 상징하는 곳이었다. '베들레헴의 예수'라 하지 않으셨다. 가장 비참하고(사53:2), 저주받은 자(신21:23)로 십자가에 달리셨기에 바울은 도저히 그분을 메시아로 인정할 수 없었다. 그가 대망한 메시아는 로마의 철장 권세를 무너뜨리고 허기진 배를 채우시며, 가난과 설움의 역사를 끊으실 능력종교의 교주였다. 그러나 예수님은 가장 낮은 곳으로 오셨다.

"일어나 다메섹으로 들어가라(10절), 속히 예루살렘에서 나가라(18절), 이방인에게로 보내리라(21절)" 구체적인 세 차례의 응답은 두 번째 질문에 대한 답이었다. 결국, 주님처럼 섬기는 자로 그 뒤를 계승한 것이다(마20:27;사6:8).

대학자였던 바울은 복음을 전할 때, 의도적으로 이론과 논리를 철저히 피했다. 오로지 '팩트'만 전했다. 내가 만난 예수, 그 뒤를 따르는 자신까지 있는 사실만 전하였다. 이것이 신앙의 중심이다. 또한, 후대에 전할 메시지다(시48:13).

바울이 전한 두 가지 질문을 고민해보자. 나에게 예수님은 누구신가? 그리고 나는 그분을 위해 무엇을 해야 하는가? 바울의 소중한 경험이 반드시 재현될 것이다.

증인들의 고백

1. 바울이 전한 복음의 핵심은 예수님을 향한 두 가지 질문이다.
"주님 누구시니이까?", "주님 무엇을 하리이까?"
2. 신앙의 중심은 내가 믿는 '예수님이 누구신지', 그리고 예수님을 믿는 '내가 누구인지'를 정확히 아는 것이다.
3. 바울은 복음을 전할 때 이론과 논리를 피하고 오로지 '팩트'만 전했다. 내가 만난 예수, 그 뒤를 따르는 자신까지 있는 사실만 전하였다.

복음 전도를 위한 묵상

1. 예수님을 위해 나는 무엇을 해야 하는 사람인가요? 주님께 물으며 고민해봅시다.
2. 내가 경험한 예수님은 어떤 분이신가요? 내가 품고 있는 영혼들을 위해 간략한 복음 메시지를 준비해 봅시다.

23장

인생의 밤을 지날 때

-
-
-

1. 밤에 들려오는 주의 음성 (행 23:1~11)

"그날 밤에 주께서 바울 곁에 서서 이르시되
담대하라 네가 예루살렘에서 나의 일을 증언한 것같이
로마에서도 증언하여야 하리라 하시니라" (행 23:11)

증인(μαρτυς:마르튀스)은 제자의 또 다른 이름이다. 경험을 통해 주변의 관심을 받고, 또 경험한 것을 말할 수 있고 말해야만 하는 책임이 따르는 자다. 예수를 경험한 바울은 결국 자신이 만난 예수를 예루살렘에도 전할 수밖에 없었다(22장). 당장은 '열매' 대신 '폭동'이 일어났지만, 로마 시민권자임을 활용한 그는 산헤드린 공회 앞에도 증인으로 서게 된다.

매우 특이한 점은 그가 피고인의 석에서 전혀 두려워하지 않았다는 점이다. 산헤드린 공회는 입법, 사법, 행정 삼권 모두를 장악하며 심지어 사형 선고까지 할 수 있던 막강한 권력기관이었다. 그런데도 그는 공회를 담대히 '주목(응시, 연민)'하였고, 공식 호칭인 '백성의 관원과 장로들(4:8;22:1)'이 아닌 '형제들'이라고 그들을 표현했다.

어떻게 바울은 강력한 외압에도 흔들리지 않고 당당했던 것일까? 물론 성령에 매였기 때문이다(20:22). 성령의 충만함이 바울의 두려움을 몰아냈음이 틀림없다. 또한, 하나님에 대한 절대 신뢰가 있었다. 예수님과 베드로와 요한, 스데반이 마주했던 공회에 자신이 서 있음을 우연이라 생각하지 않았다. 진리로 이끄시는 하나님의 신실하심을 믿었던 것이다

(요16:13;고전10:13). 마지막으로 그는 '양심을 따라 하나님을 섬긴 자'였다(1절). 양심은 인간 안에 남겨진 하나님의 흔적이다. 이 고백은 하나님 앞에서 부끄럽지 않게 힘을 다해 수고했다는 뜻이다(골1:29).

당당한 그의 고백에 대제사장 아나니아는 견딜 수 없었다. 왜냐하면, 그는 '회칠한 무덤'처럼 양심에 화인 맞은 자였기 때문이다(2~3절). 겉과 속이 다른 위선, 외모는 깨끗하나 내면은 썩은 시체의 악취가 가득했던 공회였다. 결국, 바울의 증언으로 큰 분쟁이 생기자 그는 감옥에 감금된다. 바로 그때, 주님은 바울 곁에 다시 나타나셨다. "담대하라(11절)" 그날 밤, 주님이 건넨 말이다. 이미 당당했던 그에게 왜 담대하라고 하신 것일까? 세 가지 이유가 있다.

첫째, 그는 여전히 '밤'을 지내고 있었다. 예루살렘의 고난을 이미 예상했지만, 그 정도가 너무 심하자 긴장하고 당혹감에 휩싸인 것이다. 담대하라(θάρσει:다르세이)는 '안심하라(마9:22)'라는 의미가 있다. 강력한 고난에 지친 그를 먼저 위로한 것이다.

둘째, 세상보다 예수님이 강하심을 알려준 표현이다. 다락방 고별설교에서 주님은 제자들에게 '담대하라'라고 하셨다. 주님이 세상을 이기셨기 때문이다(요16:33).

마지막은 비전을 포기하지 말라는 뜻이다. 바울을 향한 비전(하나님의 꿈)은 로마에서도 주님을 증언하는 것이다. 이를 위해 유대암살단을 비롯한 수많은 난관을 헤쳐가기 위해 담대함이 더욱 필요했다.

"담대하라!" 비록 밤이지만, 주님은 지금도 말씀하고 계신다.

그 음성 앞에 잠잠히 머물자.

2. 인생의 가장 강력한 시련을 만날 때 (행 23:12~30)

"바울의 생질이 그들이 매복하여
있다 함을 듣고 와서
영내에 들어가 바울에게 알린지라" (행 23:16)

누구나 무거운 인생의 짐을 지고 간다. 한 사람도 예외는 없다. 중요한 것은 그 짐이 버거워 더는질 수 없는 시간이 다가온다는 점이다. 그때가 바로 '가장 강력한 시련을 만날 때'다. 바울도 마찬가지다. 이제껏 수많은 핍박을 당해 왔지만, '암살조직'은 처음이다. 주께서 친히 바울에게 "담대하라(θάρσει:다르세이-안심,용기)"라고 말씀하신 이유가 있었다(11절).

공회를 통한 방법이 실패하자 유대인들은 불법적인 암살단을 조직한다. 바울을 죽이기 전에는 '먹지도 마시지도 않겠다'라고 동맹한 사십 명이었다(13절). 불같은 증오로 교묘한 술책을 지닌 그들이야말로 사탄의 강력한 방해였다. 바울은 이러한 간계를 어떻게 이겨냈을까? 사람의 방해는 언제나 인생의 가장 강력한 시련이다. 무려 15년을 도망 다닌 다윗 역시 마찬가지다. 사울과 그의 부하들은 전문 암살단이 되어 다윗을 죽이려 했다. 그때 다윗이 붙든 원리가 있었다. 바로 '하나님의 은혜'다(시 56:1~2). 은혜(חנן:하난)는 '허리를 구부리다'는 뜻으로, 하나님이 '직접 주목하고 지켜 달라'는 강력한 요구였고, 이는 '땅의 문제'를 풀 수 있는 유일한 '하늘의 방법'이다.

하나님의 계획에 따라 로마로 가야만 하는 바울에게 결국이 '은혜'가 임했다. 다윗이 경험한 '인자(사랑)와 진리(살길)'를 하나님이 바울에게도 직접 보내신 것이다(시57:3). 그 첫 번째 표적(sign)이 '바울의 생질'의 등장이다(16절). 이미 가족과의 인연이 끊어지고 상속권이 상실된 때였다(빌3:8). 그런데 갑자기 누이의 아들이 등장한 것이다. 바울의 가족에 관한 유일한 언급이 결정적인 순간 나온 셈이다. 그가 암살단의 음모를 듣자마자 감옥의 바울에게 소식을 전달한 것이다(16절).

두 번째 표적은 천부장의 적극적인 지지였다. 조카를 통해 암살단의 음모를 알게 된 천부장은 청년의 입을 철저히 단속할 뿐 아니라, 군사를 동원해 바울을 보호한다. 또한, 벨릭스 총독에게 직접 편지를 작성해 바울의 무고함을 전하기까지 한다(22~29절). 얼마 전 바울에게 채찍질한(22:24), 천부장의 놀라운 변화였다. 마지막 표적은 바울을 감싼 강력한 호위병이다. 보병(이백 명), 마병과 기병(칠십 명), 창병(이백 명)에 짐승까지 바울 한 사람을 로마로 보내시기 위해 470명의 막강한 로마군대를 이용하시는 하나님의 놀랍고 엄청난 손길이었다(23절).

결국, 바울은 약 104km가 떨어진 가이사랴까지 엄청난 호송전략으로 옮겨진다. 인생의 가장 강력한 위기의 순간, 놀라운 하늘의 은혜가 임한 것이다. 기독교는 이론이 아닌 실제다. 지금도 살아계신 하나님은 당신의 신실하신 계획에 따라 움직이고 계신다. 현재 내 앞에 놓인 강력한 인생의 시련은 무엇인가? 하늘의 은혜를 구하자. 새로운 길로 분명 우리를 인도할 것이다.

증인들의 고백

1. 바울이 감옥에 감금된 그때, 주님은 바울 곁에 다시 나타나셨다. "담대하라" 그날 밤, 주님이 건넨 말이다.
2. 하나님의 계획에 따라 로마로 가야만 하는 바울에게 결국 '은혜'가 임했다. 다윗이 경험한 '인자(사랑)와 진리(살길)'를 바울에게도 직접 보내신 것이다 (시 57:3).

복음 전도를 위한 묵상

1. 주님은 인생의 밤을 지나고 있는 자에게 '담대하라'라고 말씀하신다. 내가 마주한 인생의 밤은 무엇인가?
2. 복음을 전하는 길에는 늘 강력한 시련이 찾아온다. 시련을 돌파하게 하시는 하늘의 은혜가 있는가? 깊이 생각해 보자.

24장
부담을 극복하는 길

-
-
-

1. 예수 믿는 도가 부담으로 다가올 때 (행 24:24~27)

"바울이 의와 절제와 장차 오는 심판을 강론하니
벨릭스가 두려워하여 대답하되
지금은 가라 내가 틈이 있으면 너를 부르리라 하고" (행 24:25)

바울은 큰 은혜를 통해 유대 총독 벨릭스 앞에 도착한다. 바울의 생질과 천부장의 편지, 로마의 정예부대 470명의 도움은 눈앞의 '암살조직'을 뛰어넘는 하나님의 손길이었다(23장). 이처럼 하나님의 '큰 은혜'는 때론 인생을 형통케 하는 중요한 원리다. 그러나 모든 그리스도인이 큰 은혜를 구하지는 않는다. 왜냐하면, 삶에 부어지는 큰 은혜가 때로는 큰 부담으로 다가올 수 있기 때문이다. 언뜻 보면 좀처럼 이해되지 않는 부분이다.

그러나 차분히 돌아보면 '하나님께 더 깊이 빠질까 봐', '스스로 인생을 빼앗길까 봐' 두꺼운 선을 긋고, 더는 그 선을 넘지 않으려는 모습을 발견할 수 있다. 왜일까? 육신(죄로 물든 습관)대로 사는 것이 편하기 때문이다(롬8:12~13). 반대로 내 안에 계신 성령을 따라 행하는 삶은 심히 불편하기 때문이다(갈5:16~17). 결국, 이 땅을 사는 사람은 두 종류로 분류된다. 육신을 따라 사는 자와 성령을 따라 사는 자다. 오랜 시간이 지난다고 되는 일이 아니다(수24:14;왕상18:21). 벨릭스와 드루실라가 그랬다.

위대한 전도자인 바울을 통해 그들은 '그리스도 예수를 믿는 도'를 들었다(24절). 일생일대의 기회였다. 앞서 소개한, 하나님이 허락하신 큰 은혜다. 이미 벨릭스는 바울을 향한 변호사 더둘로의 주장(유대인 소동, 나사렛 이단의 괴수, 성전 모독 등)이 거짓임을 알았고 바울에게 호의를 베풀었다(23절). 그러나 바울을 통해 들은 '의와 절제와 장차 올 심판'에 대해서는 거부한 것이다. 왜였을까? 그는 선포된 도 앞에서 두려워했다(25절). '두려워했다는 것'은 성령이 그를 책망하셨다는 증거다. 그러나 육신의 소욕에 따라 평생을 살아온 그는 성령이 주는 '찔림과 부담'을 거부할 수밖에 없었다. 결국, 한계를 뛰어넘지 못한 셈이다.

노예 출신으로 총독에 오른 벨릭스는 지독할 정도로 권력욕이 심한 자였다. 돈과 색욕을 즐기는 탐욕스럽고 잔혹한 폭군이었다. 아내 드루실라 역시 탐욕을 좇아 원래의 남편을 버린 기회주의자였다. 벨릭스에게는 세 번째 아내였고, 드루실라에게는 두 번째 남편이었다. 이러한 그들에게 '의와 절제와 심판'은 반드시 필요한 복음이었다. 그러나 그 큰 은혜를 거부한 것이다. "지금은 가라 내가 틈이 있으면 너를 부르리라(25절)" 구원받기 일보 직전에서 지옥 문턱으로 떨어진 셈이다.

예수를 믿는 도는 '신앙의 핵심'이다. 예수를 따르는 길이야말로 내가 살 길이기 때문이다. 그러나 그 길은 '자기 십자가를 지고 가는 길(마16:24)'이다. 내 만족과 유익이 아닌 자기 포기의 길이다. 그래서 부담이 된다. 그렇다면 어떻게 해야 그 부담을 극복할 수 있을까?

나를 부르신 '주님에 대한 신뢰'가 필요하다. '주님은 내 인생을 책임질 충분한 능력이 있으시다(마4:19).' 이 신뢰가 기본이다. 그리고 이 사실을 믿어야 한다. 부담이 될 수 있다. 그러나 그 부담보다 신뢰가 앞선다면 예수를 따르는 길이 더는 버겁지 않을 것이다.

증인들의 고백

1. 선포된 복음에 '두려워했다는 것'은 성령이 그를 책망하셨다는 증거다. '거부했다는 것'은 육신의 소욕에 따라 평생을 살아온 영혼이 성령이 주는 찔림과 부담을 거부했다는 의미다.
2. 예수를 따르는 길은 부담이 되는 길이다. 그러나 부담보다 날 부르신 주님에 대한 신뢰가 앞선다면 예수를 따르는 길은 더는 버겁지 않을 것이다.

복음 전도를 위한 묵상

1. 복음을 듣고 두려워하는 영혼들이 주변에 있나요? 성령이 주는 책망을 온전히 수용할 수 있도록 간절히 기도합시다.
2. 예수님을 따르는 길은 자기 십자가를 지고 가는 길입니다. 주님을 신뢰함으로 내가 지고 가야 할 나의 십자가(사명 또는 영적인 아킬레스건)는 무엇인가요?

25장
복음을 철저히 무시하는 세상

-
-
-

1. 복음이 무시당할 때 필요한 것 (행 25:13~22)

"오직 자기들의 종교와 또는 예수라 하는 이가
죽은 것을 살아있다고 바울이 주장하는
그 일에 관한 문제로 고발하는 것뿐이라" (행 25:19)

십자가는 세상이 이해할 수 없는 진리다. 표적과 지혜를 추구한 유대인과 헬라인은 십자가의 예수를 거리끼고 미련한 것으로 여겼다(고전 1:22~23). 로마인들 역시 무능력의 극치로 생각했다(눅22:25~26). 그러니 예수를 제대로 따르는 것은 절대 만만치 않은 길이다. 실로 그 길은 끝없는 전투의 연속이다. '외세의 공격'보다 '내 안의 전투'가 훨씬 많이 있다 (마16:24).

복음이 주는 부담감을 거부한 벨릭스의 마지막은 비참했다(24:25). 총독의 자리에서 쫓겨나 겨우 목숨을 부지했다. 그의 아내 드루실라는 아들과 함께 폼페이의 화산재에 묻혀 그대로 죽어버렸다. 하나님은 가장 악한 자에게 가장 좋은 전도자를 붙여 주셨다. 그러나 무려 2년 동안 전해준 복음에도 그들은 회개하지 못했다. 그만큼 세상을 포기할 수 없던 것이다. 벨릭스를 이은 베스도 역시 세상을 대표하는 전형적인 인물이다.

부임 후 그는 유대인들의 민심을 잡으러 즉시 예루살렘을 방문했다.

그리고 연이어 바울을 재판했다. 그러나 그를 처형할 만한 죄목을 찾지 못했다. 결국, 바울은 가이사(로마 황제)에게 직접 상소할 기회를 얻게 된다. 로마에 복음을 전하는 그의 꿈이 한 걸음 더 가까워진 셈이다(1~12절). 그런데도 베스도는 전혀 흔들리지 않았다. 대신 죽었다가 살아나신 예수를 전하는 바울을 '철저히 무시'했다.

"(결국, 원고들은) 예수가 죽었다가 살아있다고 주장하는 바울의 일에 관한 문제로 고발하는 것뿐이다(19절)"

유대인들이 바울을 죽이려는 이유가 실은 아무것도 아니라는 것이다. 자신이 볼 때, '예수가 죽었다가 살아난 것'이 무슨 대수로운 일이냐는 것이다. 복음을 두려워하고 거절한 벨릭스와 달리 베스도는 아예 복음을 무시한 것이다.

오늘도 세상은 철저히 복음을 무시하고 있다. 마틴 마티는 이를 '단순한 세속성'이라고 말한다. 일상생활이 너무 바쁜 나머지 복음과 교회를 무시하는 세속화의 한 현상이다. 공식적으로 교회와 기독교를 가차 없이 공격하는 '철저한 세속성'이나 적당히 타협하며 제자도를 더는 가르치지 않는 '조절된 세속성'이 아닌 오롯이 무시하는 것이다.

그렇다면 바울은 이 재판을 어떻게 버텼을까? 그는 감금과 조롱과 무시의 순간, 자신이 만난 부활의 주님을 더욱 깊이 바라보았다(26:13~18). 베스도에게 '미쳤다'라는 평가를 당했지만, 그는 마음은 끝까지 꺾이지 않았다(26:24). 우리 역시 예수를 믿는 이유로 세상의 무시를 당할 수 있다. 또는 나 스스로 그 복음을 무시하고 있는지는 모르겠다. 여전히 원망과 불평, 다툼이 내 안에 도사리고 있다면 그럴 가능성이 매우 크다.

그러나 지금은 더욱 부활의 주님을 바라봐야 한다. 부활의 참 의미는 행사나 먹거리가 아니다. 죽음을 이기신 예수를 직접 만나는 것이다. 직접 체험하는 것이다. 도마와 베드로처럼, 스데반과 바울처럼 그분을 만나야 한다. 그런 자를 통하여 기독교는 강력한 세속화의 물결 속에서도 지속적으로 부흥할 것이다.

증인들의 고백

1. 세상은 철저히 복음을 무시하고 있다. 마틴 마티는 이를 '단순한 세속성'이라고 말한다. 일상생활이 너무 바쁜 나머지 복음과 교회를 무시하는 세속화의 한 현상이다.
2. 바울은 감금과 조롱과 무시를 당하는 재판의 현장을 어떻게 견뎠을까? 그는 자신이 만난 부활의 주님을 더욱 깊이 바라보았다.

복음 전도를 위한 묵상

1. 내가 믿는 복음을 유독 무시하는 이들이 있습니까? 그들이 무시하고 조롱하는 주된 내용은 무엇인가요?
2. 지속적인 조롱과 무시는 버티기가 정말 어렵습니다. 유독 어려움을 겪는 사역의 현장이 있습니까? 세상을 이기신 주님께 맡겨드립시다.

26장

예수를 자랑하는 자

...

-
-
-

1. 모든 사람이 나와 같이 되기를 원합니다. (행 26:24~32)

"바울이 이르되 말이 적으나 많으나 당신뿐만 아니라
오늘 내 말을 듣는 모든 사람도 다 이렇게 결박된 것 외에는
나와 같이 되기를 하나님께 원하나이다 하니라" (행 26:29)

세 차례의 바울의 변론은 그가 왜 그리스도의 '일꾼과 증인(26:16)'인지를 명확히 보여준다. 승진되고 학업성적이 올라가듯, 만일 신앙이 성숙하기를 간절히 열망한다면 반드시 바울을 주목해야 한다. 그는 가짜(fake)가 아닌 진짜(real) 그리스도인으로서 참된 제자의 언행과 본을 보여주기 때문이다.

"모든 사람이 결박된 것 외에는 나와 같이 되기를 하나님께 원합니다(29절)"

아그립바 왕 앞에서의 그의 외침은 단순한 변명이 아니었다. 그렇다고 교만을 떠는 소리도 아니다. 그는 누구보다 자신의 연약함을 알았기 때문이다(롬7:23~24). 바울이 외칠 때 그를 묶고 있던 사슬이 덜컥덜컥 움직였을 것이다. 그는 진지했다. 그는 자신이 말하고 있는 것을 진정으로 믿었다. 왕을 포함해 모든 사람이 자신과 같이 되기를 원했다. 이러한 바울의 간절한 외침은 오늘날 전도의 본이 되었다.

그렇다면 "모든 사람이 나와 같이 되기를 원한다."라는 것은 무슨 의미일까?

표면적으로는 '고난 중에도 담대하라'라는 뜻이다. 벨릭스와 베스도, 아그립바까지 바울은 연이어 법정 앞에 섰다. 화려함으로 과시하는 권세, 법정에 앉은 귀족과 명사들 앞에서도 위축되지 않았다. 왕들과 여왕들 통치자들과 장군들도 그의 기세를 꺾지 못했다. 여전히 자신이 은혜받기보다 왕이 구원받기를 원했다. 특히 '모든 사람'이란 '한 영혼이라도 더 구원받기 원한다.'라는 뜻인 동시에, 이 땅에 '모든 이들이 자신과 같은 고난을 피할 수 없음(시34:19;고전10:13)'을 말한다. 그러니 그 고난 앞에서 자신처럼 넉넉히 이겨낼 수 있기를 바란 것이다.

그러나 내면을 보면, 더욱 중요한 의미가 있다. 모든 사람이 나와 같이 되기를 원한다는 뜻은 바로 '예수를 자랑하라'라는 의미다. 그는 법정에서 자신의 회심 이야기만 하지 않았다. 마주한 이들의 회심에 끝없는 관심을 보였다. 그만큼 예수를 사랑하고 사랑하는 예수를 꼭 전하고 싶어 했다. 그만큼 구주 예수님이 너무 좋았다. 그래서 복음이신 예수를 진정으로 믿었다(롬1:16). 더 나아가 예수님을 자신의 주인으로 철저히 모시기 시작했다(롬1:1;빌1:1). 그러니 언제나 예수님이 삶의 '한쪽 구석에서 행하시는 분'이 아니라 삶의 '중심'에 계신 분이었다(26절).

바울에게 예수님은 전부였다. 그러니 깊은 고난 속에도 예수님을 자랑한 것이다. 그의 변론은 성공적이었다. 벨릭스도, 베스도도, 아그립바도 그가 무죄임을 알 뿐 아니라 그를 통해 복음의 충격을 받았다.

어떻게 사는 것이 주님이 원하시는 삶일까? 지혜의 왕인 솔로몬은 성전의 핵심이 지성소의 언약궤 안에 담긴 '두 돌판'임을 알았다(왕상8:9). 두 돌판은 기록된 말씀인 동시에 말씀이 육신이 되어 오신 예수를 뜻한다(요1:14). 결국, 예수가 예배의 중심이요 삶의 중심이 된다는 의미다.

그분을 더욱 사랑하자. 그분을 더욱 자랑하자. 반드시 주변이 변화될 것이다.

증인들의 고백

1. 바울은 법정에서 자신의 회심 이야기만 하지 않았다. 마주한 이들의 회심에 끝없는 관심을 보였다. 그만큼 예수를 사랑하고 사랑하는 예수를 꼭 전하고 싶어 했다.
2. 바울에게 예수님은 언제나 삶의 '한쪽 구석에서 행하시는 분'이 아니라 삶의 '중심'에 계신 분이었다.

복음 전도를 위한 묵상

1. 바울이 간절히 외쳤던 '모든 사람'은 어떤 의미를 지닐까요?
2. 내가 사랑하는 예수님을 자랑하고 있나요? 주로 언제 예수님을 생각하고 말하는지 고민해봅시다.

27장

광풍을 통과할 때

1. 이제는 안심하라 (행 27:9~26)

"내가 너희를 권하노니 이제는 안심하라
너희 중 아무도 생명에는 아무런 손상이 없겠고
오직 배 뿐이리라" (행 27:22)

성경은 그리스도인의 삶을 항해로 종종 비유한다. 배를 타고(거듭남), 목적지(비전)를 향한 항해의 여정이 신앙과 유사하기 때문이다. 관건은 항해의 불청객인 '풍랑'이다. 예상치 못한 풍랑인 강한 바람과 파도를 통과해야만 목적지에 도착할 수 있기 때문이다.

로마는 바울의 목적지였다(롬15:22). 악의 소굴(세네카)과 더러운 하수구(주베날)로 불린 그곳의 도덕적 타락은 로마서의 서문에 바울 자신도 기록한 바 있다(롬1:21 이하). 그렇기에 복음이 더욱더 절실히 필요했다. 복음서의 2/5가 갈릴리에서 예루살렘에 이르는 예수님의 여정이라면, 사도행전의 1/3은 예루살렘에서 로마에 이르는 바울의 여정을 기술한다. 목적지는 달랐지만, 그 유형은 비슷했다. 단호한 결심, 체포, 유대와 로마 법정, 심지어 죽음과 부활까지(바울의 항해) '누가'는 그의 삶을 이 땅을 살리기 위해 오신 예수님과 유사하게 묘사한다(요10:10).

다시 말하지만, 관건은 풍랑을 통과하는 것이다. 바울의 마지막 항해에 찾아온 동풍과 북풍이 뒤섞인 '유라굴로'는 말 그대로 광풍 즉, 미친 듯이 사나운 바람이었다. 이제껏 수많은 풍랑을 만났지만 가장 거센 풍랑이었다.

 그렇다면 바울은 이 시련을 어떻게 이겨냈을까? 우선 바울의 진심 어린 의견(9~11절)은 묵살되었다. 그는 로마로 향하기 전에 지중해에서 이미 열한 번의 항해를 경험한 바 있다(적어도 5,600km 이상). 그런데도 백부장은 바울이 아닌 선장과 선주의 말을 믿었다. 그리고 순한 남풍을 신뢰했다. 바울의 진심과 진실이 당장 눈앞에 보이는 세상의 권력과 현상에 묻혀버린 셈이다.

 결국, 광풍이 그레데 산으로부터 내리쳐 배는 휩쓸려 갈 수밖에 없었다(14~15절). 이때 보인, 선원들의 노력은 필사적이다 못해 매력적으로 비친다. 가우다라는 작은 섬을 바람막이 삼고, 구명정(거룻배)을 끌어 올려 밧줄로 묶었다. 모래톱에 밀려가지 않기 위해 돛을 내리고 떠밀리기 시작했다. 그런데도 사나운 폭풍이 지속하자 소중한 짐을 버리고 마지막은 배의 장비마저 배 밖으로 던져 버렸다. 그러나 안타깝게도 결국 그들을 인도해 줄 해와 별도 사라지고 살아날 희망마저 사라져버렸다(16~20절). 이때, 바울이 일어나 외치기 시작했다.

 "이제는 안심하라 너희 중 아무도 생명의 손상이 없을 것이다"(22절).

 순식간에 일어난 외침에 300명에 가까운 죄수들과 군인, 기타상인들은 잠잠해지기 시작했다.

 그렇다면 바울은 어떻게 확신할 수 있었을까? 두려움에 사로잡힌 그들을 어떻게 안심시킬 수 있었을까? 놀랍게도 지난 밤 그가 섬기는 하나님의 사자가 그의 곁에 서서 이미 말했기 때문이다. "두려워하지 말라 네가 가이사 앞에 서겠고 함께 항해하는 자를 다 네게 주셨다(24절)" 이미 하나님께서 바울에게 약속을 주셨다. 그리고 그 약속 그대로 될 것을 바울은 철저히 믿었다. 자신에게 주신 말씀을 '믿은 것'이다.

내게 주신 말씀에 대한 신뢰, 이것이 광풍을 이기는 힘이다. 그리고 함께한 모두를 안심시키는 원동력이다. 혹시 인생의 강력한 광풍을 통과하고 있는가? 내게 주신 약속을 붙들자. 반드시 시련을 통과하게 될 것이다.

2. 마침내 다 구조 되니라 (행 27:27~44)

"그 남은 사람들은 널조각 혹은
배 물건에 의지하여 나가게 하니
마침내 사람들이 다 상륙하여 구조 되니라" (행 27:44)

이제는 안심하라(22절)! 광풍 속에, 바울이 선포한 말씀이다. "두려워하지 말라 네가 가이사 앞에 서겠고 함께 항해하는 자를 다 네게 주셨다" 바울은 이 말씀을 그대로 믿었다(24~25절). 말씀을 아는 것과 믿는 것은 엄청난 차이가 있다. 말씀은 알 때가 아니라 믿을 때 역사가 일어나기 때문이다. 필사적인 노력도, 말씀의 지식도 아닌, 믿을 때 구원의 역사가 일어난다.

바울과 모든 일행은 마침내 다 구조되었다. 끝까지 함께 견디고 함께 산 것이다(44절). 함께 항해한 모든 자를 살리신다는 약속을 성취하셨다. 실은 배 위의 성도는 단 세 사람뿐이었다. 백부장과 선장, 군인들과 사공들을 제외하면 대다수 살인, 강도, 폭행, 사기 등의 죄수였다. 그러나 이들을 모두 살리는 것이 하나님의 계획이었다. 무슨 뜻일까? 이것이 세상을 항해하는 교회의 사명이다. 교회 안의 약한 고리, 방황하는 가족, 주님을 모르는 이웃까지 누구라도 나와 함께 항해하는 자일 수 있다.

그렇다면 바울은 구조의 약속이 성취될 때까지 어떤 자세를 취했을까? 이것이 모두가 살 수 있는 비밀이다. 실은 보름의 광풍에 밀려온(약 800km) 직후 섬에 도착한 것이 아니다. 광풍 이후 섬에 도착하기까지 무려 세 차례의 큰 위기가 있었다.

첫째, '사공들의 도망 사건'이다(30절). 경험 많은 대형선박의 프로 사공들이었지만 육지가 가까이 오자 슬그머니 배를 포기하고 자신들만 살고자 했다. 승객과 짐의 책임자였지만 본능에 따라 움직인 것이다. 개인만 살고자 하는 '이기심', 둘 다 죽는 그 길을 바울이 직접 막아냈다(요 12:24~25).

둘째, '주린 자를 먹인 사건'이다(36절). 그들은 무려 14일간 먹지 못했다. 음식을 아끼려고, 뱃멀미로 인해, 혹은 음식이 흠뻑 젖거나 요리를 할 수 없어서 먹지 못했을 것이다. 그러나 바울이 이들을 설득했다. 당장 음식을 먹어야만 하나님의 응답을 기다릴 수 있기 때문이다. 바울은 예수님처럼 축사한 후, 음식을 나눠주었다(요6:11). 하나님이 모든 생명의 근원임을 보여준 셈이다. 이처럼 바울은 성령의 사람인 동시에 상식적인 사람이었다. 믿음과 삶을 살아내는 균형과 실력이 탁월한 자였다. 276명이라는 수도 이때 처음 언급된다(37절). 그만큼 한 명도 예외 없이 먹인 셈이다.

셋째, '죄수들을 죽이려 한 사건'이다(42절). 섬에 가까이 올 때 배의 이물(앞)과 고물(뒤)이 깨지기 시작했다. 그때, 군인들이 바울을 포함한 죄수들이 도망갈까 두려워 죽이려 한 것이다. 놀랍게도 이를 막은 것은 백부장 율리오였다. 진심으로 사람을 살리려 한 바울을 백부장이 지켜준 것이다. 갑작스러운 죽음의 위기를 예상치 못한 인물을 통해 돌파했다. 놀라운 은혜였다.

 하나님은 여전히 모든 사람이 구원받기를 원하신다(딤전2:4). 하나님의 약속을 그대로 믿어보자. 그 믿음을 통해 역사가 일어나고 역사를 통해 위기는 극복될 것이다. 모든 사람이 구원받는 그 날까지 교회의 사명은 지속하여야 한다.

증인들의 고백

1. 내게 주신 말씀에 대한 신뢰. 이것이 광풍을 이기는 힘이다. 그리고 함께한 모두를 안심시키는 원동력이다.
2. 백부장과 선장, 군인들과 사공들을 제외하면 대다수 살인, 강도, 폭행, 사기 등의 죄수였다. 그러나 이들을 모두 살리는 것이 하나님의 계획이었다. 무슨 뜻일까? 이것이 세상을 항해하는 교회의 사명이다.
3. 바울은 성령의 사람인 동시에 상식적인 사람이었다. 믿음과 삶을 살아내는 균형과 실력이 탁월한 전도자였다.

복음 전도를 위한 묵상

1. 현재 통과하고 있는 '광풍'은 무엇인가요? 광풍을 견디고 이기게 하시는 하나님의 말씀이 있다면 떠올려 봅시다.
2. 반드시 함께 구조되어야 할 영혼이 있다면 누구인가요? 그를 살리기 위해 나에게 필요한 믿음의 결단을 고민해봅시다.

28장
거침없이 퍼지는 복음

-
-
-

1. 증인이 되어 가는 길 (행 28:1~10)

"우리가 구조된 후에 안즉
그 섬은 멜리데라 하더라" (행 28:1)

성경이 기록된 목적 중 하나는 우리 모두를 '증인'으로 삼는 것이다. '열방의 제사장 나라(출19:6)', '하나님의 등불(왕상15:4)', '세상의 빛(마5:14)' 등 모두를 아우르는 표현이 바로 증인이다. 특히 사도행전은 증인이 되는 길을 명확히 소개한다.

성령이 임하여 시작된(행1:8), 증인의 여정이 어느덧 28장까지 왔다. 로마로 가기 전 마지막 여정을 통해 하나님은 배 안의 276명을 더욱 건고한 증인으로 만드셨다. 그 힘이 훗날 로마를 변화시키는 원동력이 되었음이 틀림없다. 그렇다면 '광풍'과 '세 가지의 위기'와 함께 주님이 허락하신 '증인훈련'의 과정은 무엇이었을까?

첫째, '멜리데섬을 만난 것'이다(1절). 간신히 구조되어 도착한 곳이 멜리데였다. 비가 오는 날 276명이 헤엄쳐 올 때 섬사람들은 얼마나 난감했을까? 중요한 것은 로마에 도착 전, 3개월의 시간을 이 섬에서 보낸 것이다. 항해에 목적지는 로마였다. 바울도 하루빨리 로마에 도착하기를 끝없이 갈망했다. 그런데 왜 이 시간을 허락하셨을까? 하나님이 '멜리데(몰타)도 사랑하셨기 때문이다. 전혀 상상치 못한 장소다. 누구도 예상치 못했다. 하나님만 아시는 그곳을 향해 '이해와 설득'이 아닌 '강요와

압박'으로 몰아넣은 것이다. 우리도 마찬가지다. 때론 내가 전혀 생각지 못한, 부담스러운 영혼을 마주할 때가 있다. 의외의 길로 발걸음을 이끄실 때가 있다. 그 숨은 뜻을 알고 따르는 것이 훈련의 과정이다(요4:3~4).

둘째, '이해할 수 없는 고난을 만난 것'이다(3~4절). 주변을 따뜻하게 하려 했던 바울의 손이 순식간에 독사에게 물렸다. 왜 하필 바울일까? 가까스로 목숨을 부지한 그가 왜 독사에게 물려야만 했을까? 피해 가는 것이 상책 아닌가. 이로 인해 바울은 섬사람들에게 무차별한 팩트 폭격을 당한다. 물린 것도 억울한데, 주변의 말이 더 억장을 무너지게 했을 것이다. 확실한 것은 고난에는 분명한 이유가 있다는 점이다. 그 이유는 바울을 복음의 통로로 쓰시기 위함이다. 바울이 한 일은 독사를 떨쳐낸 것이 전부다. 그러나 그에게는 조금도 상함이 없었다.

바로 이것이 마지막 셋째 훈련인 '표적을 만난 것'이다(5~9절). 바울은 자신뿐 아니라 열병과 이질로 쓰러진 보블리오의 부친을 고쳤다. 그리고 섬의 다른 병자들을 고치기 시작했다. 표적이었다. 자신을 기적으로 멋지게 포장한 하나님의 놀라운 일 하심이다. 결국, 고난을 통해 표적을 허락하셨고, 이를 기점으로 복음이 전해지게 하셨다.

증인에게 표적은 단순한 기적(miracle)이 아니다. 진짜 표적(sign)이다. 자신만을 위한 표적이 아니라, 타인을 위해, 복음을 위해 표적이 사용된다. 예수님의 약속도 동일했다(막16:14~18). 의심 많고 완악한 제자들을 꾸짖었다. 그리고 분명히 약속하셨다.

아무리 훈련된 전도자라 해도 여전히 불편한 영혼이 있을 수 있다. 어려운 고난은 물론이고 부담스럽고 불쾌한 표적까지 모든 만남을 피하고 싶을 때가 있다. 그러나 증인은 이 모든 만남을 겸허히 인정하는 자다.

부디 성령의 이끄심 안에서, 순종하는 증인이 되기를 간절히 소망한다.

2. 거침없이 퍼지는 하나님의 나라 (행 28:16~31)

"하나님의 나라를 전파하며 주 예수 그리스도에 관한 모든 것을
담대하게 거침없이 가르치더라" (행 28:31)

드디어 바울이 로마에 도착했다. 멜리데(석달)를 떠나 수라구사(사흘), 레기온(하루), 보디올(이레)을 지나 무려 200km가 넘는 육로를 걸었다. 암비오 광장을 통과한 수많은 개선장군처럼 그는 영적인 장수로 당당히 로마에 입성했다. 하나님의 뜻이 성취된 그 순간 그의 마음은 얼마나 기뻤을까(19:21;23:11).

예수를 만난 후(9:5), 약 30년이 흘렀다. 오랜 시간 동안 바울을 쉼 없이 달리게 한 원동력이 무엇이었을까? 로마 정부가 지정한 안가에서 감시를 받기 시작한 바울은 즉각 복음을 전했는데, 놀랍게도 그 대상은 유대인이었다(16~17절). 물론 동족이었지만, 바울에게 유대인은 원수였다. 지역을 넘나드는 체포와 재판, 투옥과 암살계획 등, 그들의 책략과 음모와 위협은 대단했다(18~19절). 물론 하나님의 일을 막으려는 마귀의 방해였지만 유대인이 철저한 통로가 된 셈이다. 그러나 바울은 유대인을 포기하지 않았다. 애끓는 심정으로 그들을 만났다(롬9:1~3). 이것이 복음의 정신이다. 물론 전한다고 다 믿지 않았지만(24절), 그래도 끝까지 전했다. 이런 그의 마음은 도대체 어디서 기인했을까?

잠시 후 바울은 '유숙하는 집(23절)'에서 형무소 안의 '자기 셋집(30절)'으로 거처를 옮긴다. 그리고 거기서 두 해 동안 쉼 없이 복음을 전했다. 바울은 왜 집을 옮겼을까? 정부 지원을 포기하고 세를 내야만 하는 장소로 옮긴 것은 '오직 하나님만을 의지'하려는 그의 굳은 결단이었다. 그는 그곳에 오는 사람을 '다' 영접했다. 먹이며 전파하며 가르치는 일을 지속했다. 거기에 옥중서신(빌,엡,골,몬)까지 기록하며, 실로 초인적인 사역을 해낸 것이다.

어찌 이 일이 다 가능했을까? 어디서 그 힘이 솟아난 걸까? 물론 성령의 힘이다. 그러나 바울에게는 다른 무언가가 있었다. 바로 하나님이 주신 '꿈'이다. 그 꿈은 땅끝까지 복음을 전하는 것이며(롬15:23), 이 땅에 하나님의 뜻이 도래하는 것이다. 즉 '예수 그리스도를 통해 하나님의 나라'가 이뤄지는 것이다(23절). 그 꿈이 몸의 가시도 견디게 했다(고후12:7). 또한, 꿈이 심지가 되어 성령의 불이 타오르게 했다.

육로를 걷게 한 것도, 유대인을 품게 한 것도, 셋집에서 초인적인 사역을 가능케 한 것도 '이스라엘의 소망(20절)' 되신 예수로 인해 꿈이 있었기 때문이다. 그래서 그는 '담대(확신)하게 또 거침없이(아무런 방해도 받지 않고)' 가르칠 수 있었다(31절).

비록 그의 손은 묶여 있었지만, 그의 입은 예수를 위해 열려 있었다. 비록 그는 사슬에 매여 있었으나 하나님의 말씀은 매여 있지 않았다. 복음을 막는 자는 많았지만, 누구도 복음을 막을 수는 없었다. 결국, 복음이 승리한 것이다.

사도행전(Acts)은 오래전에 완성되었다. 그러나 예수를 따르는 자들의 행전(acts)은 나를 통해 계속될 것이다.

증인들의 고백

1. 증인에게 표적은 단순한 기적(miracle)이 아니다. 진짜 표적(sign)이다. 자신만을 위한 표적이 아니라, 타인을 위해, 복음을 위해 표적이 사용된다.
2. 바울에게는 다른 무언가가 있었다. 바로 하나님이 주신 '꿈'이다. 그 꿈은 땅끝까지 복음을 전하는 것이며, 이 땅에 하나님의 뜻이 도래하는 것이다.
3. 육로를 걷게 한 것도, 유대인을 품게 한 것도, 셋집에서 초인적인 사역을 가능케 한 것도 '이스라엘의 소망' 되신 예수로 인해 꿈이 있었기 때문이다.

복음 전도를 위한 묵상

1. 복음 전도를 위해 현재 나에게 꼭 필요한 표적은 무엇인가요? 놀라운 응답을 위해 간절히 기도합시다.
2. 하나님 나라를 위해 내가 간직한 꿈이 있나요? 그 꿈이 거침없이 퍼져갈 것을 구체적으로 그려보며 소망해 봅시다.

나가며

하나님의 꿈의 표적

다시 일어날 증인들을 꿈꾸며

 이 땅의 교회들이 영원한 하나님 나라의 파트가 될 수 있을까? 막막함과 두려움, 위축과 수축 등 교회를 향해 곳곳에서 쏟아지는 암울한 평가들 틈에서 어떻게 마음을 지켜 주님의 교회를 끝까지 사랑하며 충성할 수 있을까? 글을 시작하며 들었던 질문이다.
 물론 도처에서 들리는 소식은 다시 꿈꾸기 어려운 현장이 맞다. 그럼에도 성령을 통해 펼쳐진 사도들의 걸음은 불완전한 이 땅에 '소망을 넘어 확신'을 가져다주는 완전한 선물이었다. 그들이 마주하고 통과해간 걸음이 최소한 하루아침에 주어진 결과가 아니기 때문이다.
 오랜 인내와 눈물 속에 드러난 복음전도의 열매는 그 시작과 과정, 결과가 뚜렷했다. 그 어디에도 깊은 고민과 아픔이 서려있지 않은 곳이 없었다. 그러나 완벽한 타이밍 속에 그려진 그들의 아름다운 '증인화', 즉 '증인이 되어져 가는 과정'은 오늘날 우리에게 큰 위로로 다가온다. 그리고 환난을 통해 흔들리고 있는 우리에게 본질에 한걸음 더 가까이 나아가게 하는 원동력이 되어준다. 1세기 증인들의 보고인 사도행전은 여전히 우리에게 말하고 있다.

"누구나 증인이 될 수 있다"

온 땅을 구원하시는 하나님의 열심은 여전히 진행 중이다. 오래전 하나님 나라의 파트너로 구원 사역에 동참한 사도들처럼 하나님은 이 시대의 증인들을 열심히 찾고 계신다. 철저히 예수를 따라간 사도들의 삶은 말씀을 통해 여전히 우리 안에 남아있다. 그리고 이 땅을 살리시는 성령의 완벽하고 빈틈없는 손길 또한 곳곳에서 위대한 열매를 맺어가고 있다.

다시 한 번, 우리의 자리에서 일어날 복음의 거침없는 진군을 기대한다. 만일 여러 한계에도 성령에 묶이기를 스스로 선택할 수만 있다면, 숱한 저항을 넘어 다시 증인의 삶을 꿈꾸며 누리게 될 것이다. 오늘도 증인 되기를 갈망하는 자들을 통해 하나님은 자신의 꿈을 이뤄갈 것이다. 그리고 결국 복음이 승리할 것이다.